# चुनाव है बदलाव का

# चुनाव है बदलाव का

मध्यप्रदेश विधानसभा चुनाव 2018
मध्यप्रदेश में लोकसभा चुनाव 2019

## ब्रजेश राजपूत

मंजुल पब्लिशिंग हाउस

**MANJUL**

मंजुल पब्लिशिंग हाउस

कॉरपोरेट एवं संपादकीय कार्यालय

द्वितीय तल, उषा प्रीत कॉम्प्लेक्स, 42 मालवीय नगर, भोपाल-462 003

*विक्रय एवं विपणन कार्यालय*

• सी-16, सेक्टर 3, नोएडा, उत्तर प्रदेश, 201301

वेबसाइट : www.manjulindia.com

*वितरण केन्द्र*

अहमदाबाद, बेंगलुरू, भोपाल, कोलकाता, चेन्नई,
हैदराबाद, मुम्बई, नई दिल्ली, पुणे

*चुनाव है बदलाव का*



यह संस्करण 2019 में पहली बार प्रकाशित

**ISBN  978-93-89143-49-2**

# पुस्तक की प्रशंसा में

ब्रजेश राजपूत के पास क़िस्सागोई की शानदार शैली है। पत्रकार की निगाह से वे राजनीतिक घटनाओं को गहराई से देखते हैं, साथ ही उसे निरपेक्ष और निष्पक्ष भाव से रोचक शैली में सुनाते भी जाते हैं कि चुनाव कैसे होते हैं, कैसे लड़े जाते हैं और कैसे जीते जाते हैं। मध्यप्रदेश विधानसभा चुनाव पर लिखी गई ब्रजेश राजपूत की इस नई किताब में सब कुछ है। राजनीति में रुचि रखने वालों के लिए यह बेजोड़ किताब है।

—रशीद किदवई, राजनीतिक मामलों के लेखक

चुनाव परिस्थितियों का नहीं, अपितु मनःस्थितियों का लेखा-जोखा होता है। जहाँ व्यक्ति स्वयं की मनःस्थिति को ठीक से नहीं समझ पाता, वहाँ ब्रजेश राजपूत जैसे संवेदनशील, प्रबुद्ध पत्रकार समाज की मनःस्थिति का सटीक अध्ययन कर पाने में सफल हो जाते हैं। प्रिय ब्रजेश को पढ़ना सदैव आनंद का विषय होता है, क्योंकि ब्रजेश अपने शब्दों से ऐसा बिम्ब रच देते हैं कि उनका लेखन चलचित्र की भाँति प्रभावशाली हो जाता है। जिन चुनावों को चुनाव में खड़े होने वाले प्रत्याशी ठीक से कवर नहीं कर पाते, उन चुनावों को एक पत्रकार की हैसियत से कुशलतापूर्वक कवर करना निश्चित ही ब्रजेश की दक्षता का प्रमाण है।

—आशुतोष राणा, प्रसिद्ध अभिनेता

मध्यप्रदेश की राजनीति ने 15 साल बाद करवट बदली। बीजेपी की जगह काँग्रेस की सरकार बनी। ब्रजेश ने रिपोर्टर की पारखी नज़र से इन 15 सालों को बहुत क़रीब से देखा है। यह अनुभव उनकी ताज़ा किताब में भी झलकता है, ख़ासकर चुनाव नतीजों की रात का रोमांच। काँग्रेस के मुख्यालय में उस रात के गवाह थे ब्रजेश और किताब पढ़कर आपको लगेगा कि टीवी पर आँखों देखा हाल देख रहे हैं। आख़िर मैं यह बता दूँ कि टीवी की आपाधापी में बहुत कम ही पत्रकार लिखने के लिए समय निकाल पाते हैं, ब्रजेश उस मायने में भी विरले हैं।

—मिलिंद खांडेकर, एडिटर, डिजिटल बीबीसी


ख़बर तो एक लाइन की होती है – 'जैसे एमपी में काँग्रेस ने जीता विस चुनाव' लेकिन सारी राजनीति इसी एक लाइन के लिए होती है। और यह क़िताब उसी जटिल राजनीति को बेहद ही सरल अंदाज़ में बताती है। पढ़ते वक़्त ऐसा लगा, मानो चुनाव ख़त्म होने के बाद पत्रकारों की एक महफ़िल हो रही है और वहाँ ब्रजेश, ख़बर के पीछे की ख़बर इत्मीनान से बता रहे हैं, यहाँ न टीवी की तरह टाइम की पाबंदी है, न कैमरा एंगल की फ़िक्र। बेफ़िक्री से ब्रजेश बताए चले जा रहे हैं। यह क़िताब पार्टियों के लिए सबक़, जनता के लिए सलाह और पत्रकारों के लिए अपनी ही शादी की कैसेट के समान है।

—रूबिका लियाकत, एंकर, एबीपी न्यूज़


ब्रजेश राजपूत राजनीति की ऐसी समझ रखते हैं जो विचारधाराओं के द्वंद्व में पड़े बिना एक तीखा दृष्टिकोण प्रस्तुत करते हैं। उनके अनुभवों को पढ़कर ऐसा लगता है जैसे आप ख़ुद वहां रहे हों। कभी अनायास मुस्कुरा उठेंगे, कभी भीतर तक ये अनुभव आपको झकझोर देंगे। भारत में चुनाव लड़ने का अंदाज़ बदला है, तो कवरेज का अंदाज़ भी बदला है और उस बदलाव का इससे अधिक रोचक ब्योरा आपको कहीं और नहीं मिलेगा।

—श्वेता सिंह, एंकर, आज तक

# अनुक्रम



## विधानसभा चुनाव 2018 से जुड़े रोचक लेख

# काँग्रेस ने विधानसभा की कमाई लोकसभा में गँवाई...

ये तक़रीबन पहले से ही तय था, कि चुनाव परिणामों वाले दिन दोपहर को मुख्यमंत्री कमलनाथ भोपाल से छिंदवाड़ा उड़ेंगे और वहाँ जाकर अपनी जीत का प्रमाण-पत्र जिला प्रशासन के हाथों लेंगे। मुख्यमंत्री बनने के बाद कमलनाथ ने छिंदवाड़ा से विधायक का चुनाव लड़ा था और उनके बेटे नकुल नाथ ने पिता की खाली की गई लोकसभा सीट पर चुनाव लड़ कर अपनी राजनीतिक पारी शुरू कर दी। छिंदवाड़ा जिला गवाह बन रहा था कि जिले की जनता का आशीर्वाद पाकर पिता-पुत्र दोनों विधानसभा और लोकसभा के सदस्य रिकॉर्ड मतों से जीतकर बनते और नया इतिहास रचते, मगर ऐसा हो न सका। 23 मई को सुबह से आए परिणामों ने सारे समीकरण बिगाड़ दिए। सम्पूर्ण मध्यप्रदेश के साथ-साथ छिंदवाड़ा में भी काँग्रेस की बड़ी जीत का सपना देख रहे कमलनाथ हक्के-बक्के रह गए। उनकी और उनके बेटे की जीत का अंतर सामान्य ही रहा और छिंदवाड़ा छोड़कर काँग्रेस पूरे प्रदेश में धराशायी हो गई। कमलनाथ छिंदवाड़ा नहीं गए और उनकी जीत का प्रमाण-पत्र उनके लिए सीट खाली करने वाले पूर्व विधायक दीपक सक्सेना ने ही लिया।

सत्रहवीं लोकसभा के चुनाव परिणामों से काँग्रेस को बड़ा झटका लगा। बीजेपी ने अप्रत्याशित जीत हासिल की। मोदी की अगुआई में बीजेपी ने न केवल अपनी जीत का सिलसिला दोहराया, बल्कि पिछली बार से ज़्यादा सीटें लाकर सारे अनुमानों को ध्वस्त कर दिया। *अबकी बार तीन सौ पार* के जिस नारे को लगाने पर बीजेपी पर हँसा जा रहा था, उसे हक़ीक़त बना कर दिखा दिया बीजेपी के कार्यकर्ताओं ने। बीजेपी 303 सीटें पाकर लोकसभा में

सबसे बड़े दल के रूप में उभरी। सरकार बनाने के सपने देखने वाली काँग्रेस पिछली बार के अपने प्रदर्शन में बेहद मामूली बढ़त के साथ 52 सीटों पर ही सिमट गई। तक़रीबन सारे प्रदेशों में काँग्रेस की बुरी हालत हुई। जिन प्रदेशों से बीजेपी के घटने और काँग्रेस के बढ़त लेने की सोची जा रही थी, वहाँ से बढ़त तो दूर, काँग्रेस पुरानी सीटें भी नहीं बचा पाई। सच में सुनामी आई थी 2019 में बीजेपी की। देश में आई बीजेपी की इस ज़बरदस्त आँधी से मध्यप्रदेश भी अछूता नहीं रहा। मध्यप्रदेश की 29 में से काँग्रेस सिर्फ़ एक सीट छिंदवाड़ा की ही बचा पाई, बाक़ी सारी सीटों पर काँग्रेस के उम्मीदवार बुरी तरह हारे। हारने वाले उम्मीदवारों में काँग्रेस के बड़े नेताओं के नाम भी शामिल रहे। ज्योतिरादित्य सिंधिया, दिग्विजय सिंह, अजय सिंह, अरुण यादव, कांतिलाल भूरिया, विवेक तन्खा, मीनाक्षी नटराजन और रामनिवास रावत जैसे बड़े नाम भी धराशायी हो गए।

हैरानी इस बात की हुई कि जिस काँग्रेस ने पाँच महीने पहले ही शान से राज्य की राजनीति में वापसी करते हुए पंद्रह साल पुरानी बीजेपी सरकार को उखाड़ फेंक कर प्रदेश में सरकार बनाई थी, उसे ऐसा क्या हो गया, जो इतना बुरा परिणाम आया। मध्यप्रदेश में लोकसभा चुनावों में काँग्रेस के पक्ष में परिणाम अच्छे नहीं आएँगे, यह तो तय लग रहा था, मगर इतने बुरे परिणाम आएँगे, यह नहीं सोचा था। मध्यप्रदेश में चुनाव चार चरणों में हुए थे। यहाँ पहला चरण 29 अप्रैल को हुआ था, जिसमें सीधी, शहडोल, जबलपुर, मंडला, बालाघाट और छिंदवाड़ा सीटों पर वोट पड़े। इसी चरण में प्रदेश के विंध्य इलाक़े में वोटिंग हुई। विधानसभा चुनावों में बीजेपी ने इस इलाक़े से काँग्रेस को करारी हार देकर सदमें में डाल दिया था, इसलिए इस बार काँग्रेस ने यहाँ अच्छी मेहनत की थी, मगर बात बनी नहीं। विधानसभा चुनाव चुरहट से हारने के बाद काँग्रेस नेता अजय सिंह ने अपने गृह जिले सीधी से जीतने के लिए पूरा ज़ोर लगा दिया था, मगर वे रीति पाठक को हरा नहीं पाए। दूसरी बार चुनाव में उतरी रीति पाठक ने अजय सिंह को दो लाख 86 हज़ार वोटों से हराया। अजय सिंह प्रदेश की राजनीति के बड़े नेता हैं और वे अपने ही इलाक़े से लड़ रहे थे, इतनी करारी शिकस्त का अंदाज़ उनको नहीं था। आज भी वे कहते हैं कि वे हारे नहीं हैं। हार के लिए वे ईवीएम की गड़बड़ियों की ओर ही इशारा करते हैं। दूसरा चरण का मतदान बुंदेलखंड इलाक़े के टीकमगढ़, दमोह, खजुराहो, सतना, रीवा, होशंगाबाद

और बैतूल में हुआ। होशंगाबाद के गाँवों में हमारी कवरेज़ के दौरान लोग कहते मिले कि काँग्रेस ने क़र्ज़ माफ़ी नहीं की। किसान को काँग्रेस ने ठगा है, हालाँकि लोग अपने प्रत्याशी से ज्यादा खुश नहीं थे, मगर कहते थे कि वैसे भी वोट तो वे मोदी को ही दे रहे हैं, सरकार मोदीजी की ही बनानी है। होशंगाबाद उन सीटों में से रही, जहाँ बीजेपी के प्रत्याशी राव उदयप्रताप पाँच लाख तिरेपन हज़ार के रिकॉर्ड अंतर से जीते। बुंदेलखंड में खाता खोलने की उम्मीद कर रही काँग्रेस को जनता ने निराश किया और तक़रीबन सारी सीटों पर बीजेपी ने अच्छे ख़ासे अंतर से जीत दर्ज की। खजुराहो सीट पर भोपाल से जाकर चुनाव लड़ने वाले बीजेपी के उम्मीदवार बीडी शर्मा भी जीत का अंतर चार लाख तैरानवे हज़ार से ज़्यादा का ले गए, जबकि उनका मुक़ाबला कविता सिंह से था, जो स्थानीय नेता और विधायक की पत्नी हैं। प्रदेश में तीसरे चरण का मतदान 12 मई को हुआ, जिसमें मुरैना, भिंड, ग्वालियर, गुना, सागर, विदिशा, राजगढ़ और भोपाल में वोट डाले गए। इसमें कोई दो राय नहीं कि देश की जिन कुछ सीटों के चुनाव परिणामों पर सबकी नज़र थी, उनमें भोपाल सबसे आगे था। भोपाल से काँग्रेस नेता दिग्विजय सिंह मुख्यमंत्री कमलनाथ के कहने पर अपनी परंपरागत राजगढ़ सीट छोड़ कर लड़ रहे थे। बीजेपी ने आख़िरी वक़्त में यहाँ से साध्वी प्रज्ञा सिंह को उतार कर काँग्रेस के सारे समीकरण बिगाड़ दिए थे। प्रज्ञा सिंह मालेगाँव बम धमाकों की आरोपी हैं और लंबा वक़्त उन्होंने जेल में बिताया है। बहुत बेहतर तरीक़े से चुनाव लड़ने की तैयारी कर मैदान में उतरे दिग्विजय सिंह को प्रज्ञा ने अपने निशाने पर लेकर उन्हें भगवा आतंकवाद के मुद्दे पर घेरा और अपनी हालत के लिए उनको ज़िम्मेदार बताया। उधर, बीजेपी कार्यकर्ताओं ने साध्वी प्रज्ञा सिंह के नाम पर चुनाव में हिंदू-मुसलमान वोटरों का बँटवारा कराया। नतीजा आया तो हैरानी हुई, जब खांटी राजनेता दिग्विजय सिंह राजनीति का पाठ पढ़ने उतरी प्रज्ञा सिंह ठाकुर से तीन लाख चौंसठ हज़ार से भी ज़्यादा वोटों के अंतर रो हार गए। दिग्विजय का *विजन भोपाल* के साथ-साथ सॉफ्ट हिंदुत्व का कार्ड भी काम नहीं आया। जानकारों का कहना था कि जब भोपाल जैसी शहरी सीट से आतंकी मामलों की आरोपी बीजेपी उम्मीदवार के सामने दिग्विजय सिंह हार सकते हैं, तो फिर कुछ भी हो सकता है। दिग्विजय ने इस हार के लिए मोदी के राष्ट्रवादी प्रचार को ज़िम्मेदार बताया। चुनाव का चौथा चरण 19 मई को मालवा और धार, झाबुआ के आदिवासी इलाक़े में

हुआ, जिसमें देवास, उज्जैन, धार, इंदौर, मंदसौर, रतलाम, खरगोन और खंडवा में लोगों ने वोट किए। विधानसभा चुनावों में काँग्रेस ने आदिवासी सीटों पर ज़ोरदार जीत हासिल की थी, मगर लोकसभा में कुछ काम नहीं आया और इंदौर सीट पर पहली बार मैदान में उतरे शंकर लालवानी ने काँग्रेस के पंकज संघवी को पाँच लाख सैंतालीस हज़ार वोटों से हराकर बता दिया कि इंदौर बीजेपी का गढ़ है। लोकसभा स्पीकर सुमित्रा महाजन का टिकट काटकर लालवानी को बीजेपी ने मैदान में उतारा था।

मध्यप्रदेश में लोकसभा चुनावों के जो पूरे परिणाम आए, वे हैरान करने वाले रहे। काँग्रेस के लिए चिंता का विषय है कि दिसंबर में सरकार बनाने के बाद कैसे मई में विधानसभा चुनावों में इतनी करारी हार हुई। सोचा यह जा रहा था कि काँग्रेस की सीटें दो से बढ़कर बारह तो होंगी ही, मगर मोदी की सुनामी में एक सीट ही बमुश्किल से बच पाई। प्रदेश की 230 विधानसभा सीटों पर काँग्रेस ने 114 सीट जीत कर सरकार में वापसी की थी, मगर लोकसभा चुनाव में काँग्रेस सिर्फ़ 22 विधानसभा क्षेत्रों में ही जीत पाई। प्रदेश के 208 विधानसभा क्षेत्रों में बीजेपी ने अपना झंडा फहराया और बता दिया कि यदि अभी चुनाव हो जाएँ, तो बीजेपी की सत्ता में वापसी तय है।

लोकसभा चुनाव के पहले कमलनाथ ने अपने मंत्रियों को चेताया था कि बेहद गंभीरता से चुनाव को लेना। कमलनाथ ने कहा भी था कि जिस मंत्री के इलाक़े से काँग्रेस हारी, तो वह फिर मेरे घर का दरवाज़ा भूल जाए और यदि बुरी हार हुई, तो इस्तीफ़ा भी लूँगा। *देश के दिल से दिल्ली तक* का नारा देकर दावा किया गया था कि देश के दिल मध्यप्रदेश में जब काँग्रेस की वापसी हो गई है, तो अब केंद्र या दिल्ली में भी काँग्रेस की सरकार बनने जा रही है, मगर आलम यह हुआ कि प्रदेश के 22 मंत्रियों की विधानसभा सीटों पर काँग्रेस हारी। सिर्फ सात मंत्री ही अपनी विधान सभा सीटों पर कांग्रेस को जीता पाए, ये मंत्री रहें पर्यटन मंत्री सुरेंद्र सिंह बघेल जिनकी कुक्षी विधानसभा सीट पर कांग्रेस 35,351 वोटों से आगें रही तो गैस राहत मंत्री आरिफ अकिल के विधानसभा क्षेत्र भोपाल भोपाल–उत्तर में 24,760 वोट भाजपा से ज्यादा मिलें, महिला बाल विकास मंत्री इमरती देवी की विधानसभा डबरा में कांग्रेस 18,780 वोटों से जीतने में सफल रही, आदिवासी विकास मंत्री ओमकार मरकाम अपनी विधानसभा सीट डिंडोरी में पार्टी को 18,245 वोटों से जिताने में सफल रहें, वन मंत्री उमंग सिंघार कि गंधवानी

विधानसभा में काँग्रेस को 11,216 वोटों की बढ़त मिली तो पशुपालन मंत्री लाखन सिंह यादव की भीतरवार सीट पर काँग्रेस पार्टी बीजेपी से 3,214 वोटों से आगे रही।

प्रदेश सरकार के कद्दावर मंत्री गोविंद सिंह की लहार और जयवर्धन सिंह की राघौगढ़ विधानसभा सीटों पर काँग्रेस हारी। ये वे सीटें थीं, जहाँ काँग्रेस कभी नहीं हारी और ये सीटें काँग्रेस के लिए अजेय कही जाती थीं। काँग्रेस का सबसे बुरा हाल हुआ इंदौर में। इस जिले से मंत्री तुलसी सिलावट की सांवेर सीट जहाँ बीजेपी अस्सी हज़ार वोटों से जीती, तो वहीं मंत्री जीतू पटवारी की राउ सीट पर काँग्रेस 75 हज़ार वोटों से हारी। काँग्रेस विधायक संजय शुक्ला की इंदौर नंबर एक सीट पर बीजेपी को सवा लाख मतों की लीड मिली। प्रदेश में काँग्रेस की जीती इकलौती सीट छिंदवाड़ा में जीत का अंतर प्रदेश में सबसे कम रहा। कमलनाथ के बेटे नकुलनाथ सिर्फ़ सैंतीस हज़ार सात सौ वोटों से ही जीत पाए, जबकि यही सीट कमलनाथ ने पिछले चुनाव में एक लाख पंद्रह हज़ार वोटों से जीती थी। मज़े की बात यह है कि जिस छिंदवाड़ा की विधानसभा सीट से मुख्यमंत्री कमलनाथ पच्चीस हज़ार वोटों से जीते, उसी सीट पर उनके बेटे को सिर्फ़ आठ हज़ार वोटों की बढ़त मिली, यानी लोग छिंदवाड़ा में कमलनाथ के लिए, तो लोकसभा चुनाव में मोदी के लिए वोट डाल रहे थे, हालाँकि छिंदवाड़ा से जीते बाद में नकुलनाथ ही। लोकसभा चुनाव में बड़ी मुश्किल से काँग्रेस जिन 22 विधानसभा सीटों को जीत पाई हैं, वे है सबलगढ़, भितरवार, डबरा, पिछोर, चुरहट, पुष्पराजगढ़, बिछिया, निवास, शाहपुरा, डिंडौरी, लखनादौन, बैहर, जुन्नारदेव, अमरवाडा, छिंदवाड़ा, भोपाल-उत्तर, भोपाल-मध्य, जोबट, झाबुआ, सैलाना, गंधवानी और कुक्षी।

## लोकसभा चुनाव में काँग्रेस की दुदर्शा क्यों?

### 1. किसान क़र्ज़ माफ़ी का बोझ :

किसानों की जिस क़र्ज़ माफ़ी के दम पर काँग्रेस ने पंद्रह साल बाद किसानों का भरोसा जीतकर सत्ता में वापसी की थी, वह क़र्ज़ माफ़ी विधानसभा चुनावों में तो काँग्रेस के पक्ष में गई, मगर लोकसभा चुनावों में यही क़र्ज़ माफ़ी काँग्रेस के लिए बोझ साबित हुई और पार्टी को ले डूबी। सरकार में आने

के पहले काँग्रेस ने अपने वचन-पत्र में प्रदेश के किसानों के दो लाख रुपये तक के कृषि ऋण माफ़ करने का वादा किया था, मगर यह सरकार के लिए बड़ा काम था, क्योंकि क़रीब पचास लाख किसानों को इस योजना से फ़ायदा मिलना था, मगर यह भारी-भरकम काम आसान नहीं था।

किसानों के क़र्ज़ माफ़ करने के लिए पैसे जुटाना, फिर क़र्ज़ा माफ़ करने के लिए बैंकों को राज़ी करना, इस पूरी क़वायद में तक़रीबन दो महीने बीत गए और 23 फ़रवरी को रतलाम में किसान क़र्ज़ माफ़ी के चेक सीएम कमलनाथ ने बाँटे। इस योजना के पहले चरण में पचास हज़ार रुपये से कम क़र्ज़ वाले किसानों को फ़ायदा हुआ, मगर इस बीच में लोकसभा चुनाव आ गए और आचार संहिता लगते ही यह काम रुक गया। बस फिर क्या था, बीजेपी के नेताओं और उनके गाँव-गाँव तक फैले प्रचार तंत्र ने सरकार की इस योजना को कठघरे में खड़ा कर दिया। शिवराज सिंह अपने भाषणों में राहुल गाँधी की उस जुमले पर खिंचाई करने लगे कि दस दिन में क़र्ज़ माफ़ी नहीं हुई, तो सीएम बदल दूँगा। वे अपनी सभाओं में पूछते कि किसी की क़र्ज़ माफ़ी हुई और लोगों के बोलने के पहले ही कहते कि किसी की नहीं हुई। बीजेपी ने ऐसा माहौल खींचा, जिससे लगा कि क़र्ज़ माफ़ी योजना चल नहीं पा रही है और काँग्रेस ने सत्ता पाने के लिए झूठ बोला था। किसानों के दम पर सरकार में आने वाली काँग्रेस ने इस चुनाव में किसानों का ही भरोसा खो दिया।

## 2. तबादलों की भरमार :

कमलनाथ सरकार को विधानसभा चुनावों में पूर्ण बहुमत नहीं मिला, जिस वजह से यह सरकार बहुजन समाज पार्टी, समाजवादी पार्टी और निर्दलीयों के समर्थन लेने को मजबूर हो गई। एक-एक विधायक सरकार के लिए महत्त्वपूर्ण हो गया। ऐसे में विधायकों ने लोकसभा चुनावों के नाम पर अपने पसंदीदा अधिकारियों के तबादले शुरू करा दिए, हालाँकि मुख्यमंत्री कमलनाथ ये तबादले लोकसभा चुनावों के बाद चाहते थे, मगर विधायकों ने अधिकारियों को बीजेपी सरकार का समर्थक बताकर जो तबादले कराना शुरू किया, तो यह सिलसिला चल ही पड़ा। अखिल भारतीय प्रशासनिक सेवा के अधिकारियों से लेकर राज्य सरकार के अफ़सरों और जिलों के एसपी से लेकर थानेदारों के भी तबादलों का दौर चल पड़ा। थोड़े से ही वक़्त में तबादलों की संख्या

हज़ारों में जा पहुँची और बीजेपी ने इसे भी मुद्दा बनाना शुरू कर दिया। तबादलों को तबादला उद्योग नाम देकर हँसी उड़ाई जाने लगी कि किसी व्यक्ति के सुबह अलग जगह, पर तो शाम को अलग जगह पर तबादले हो गए। *अबकी बार तबादले की सरकार* के नारे से चुनावों में कमलनाथ सरकार को नीचा दिखाने की रणनीति लोकसभा चुनावों में काम कर गई।

## 3. बिना विज्ञापनों की सरकार :

काँग्रेस ने शिवराज सरकार को विज्ञापनों की सरकार बताया था और आरोप लगाया था कि शिवराज की ब्रांडिंग पर करोड़ों रुपये ख़र्च किए गए। इस वजह से जब काँग्रेस की सरकार आई, तो विज्ञापनों से सरकार ने दूरी बना ली। इस क़दम का असर उल्टा हुआ। लोकसभा चुनाव के पहले जब सरकार के कामकाज का ज़्यादा से ज़्यादा प्रचार करना चाहिए था, उस दौरान प्रचार माध्यमों से सरकार की दूरी बनी रही, जिसका असर यह हुआ कि काँग्रेस सरकार के कई बड़े-बड़े काम, फिर चाहे वह क़र्ज़ माफ़ी हो या फिर पिछड़ों को सरकारी नौकरियों में 27 फ़ीसदी आरक्षण का मामला हो, प्रचार की कमी के कारण ये सारे महत्त्वपूर्ण फैसले चर्चा में नहीं आए और सरकार के विवाद अख़बारों में छाए रहे। अख़बारों से विज्ञापन की दूरियों के चलते भी शिवराज सरकार में आँखों का तारा बना मीडिया कमलनाथ सरकार के ख़िलाफ़ व्यवहार करने लगा और प्रदेश में हो रही छोटी घटनाएँ बड़ी बनाकर दिखाई जाने लगीं। इसका असर चुनावों में पड़ा, लोग कहने लगे कि यह सरकार काम कहाँ कर रही है। प्रचार नहीं करना भारी पड़ा कमलनाथ सरकार को।

## 4. गुटबाजी से जूझती सरकार का ढीला कामकाज :

काँग्रेस के नेताओं की गुटबाजी काँग्रेस की पहचान रही है, मगर कमलनाथ सरकार बनते ही यह गुटबाजी और खुलकर सामने आ गई। कमलनाथ सरकार पर दिग्विजय सिंह की छाप और ज्योतिरादित्य सिंधिया का दबदवा दिखाई देने लगा। मंत्रियों के शपथ लेते ही अख़बारों ने गिन-गिन कर बताया कि कौन सा मंत्री किस गुट का है। पिछले पंद्रह सालों से चल रही बीजेपी की सरकार में ऐसा नहीं होता था। नेताओं के बीच खींचतान तो होती थी, मगर गुटबाजी ऐसे खुलकर दिखती नहीं थी। कुछ वरिष्ठ विधायकों को मंत्री

नहीं बनाने पर जो हंगामा और उठापटक हुई, उससे भी जनता कहने लगी कि ये काँग्रेसी तो आपस में ही लड़ते रहते हैं। सरकार कब चलाएँगे। कुल मिलाकर कमलनाथ सरकार के बनते ही उसकी एक कमज़ोर सरकार की छवि बन गई, जिसका नुक़सान लोकसभा चुनावों में हुआ।

## 5. मोदी लहर :

मगर इन सारे कारणों पर जो भारी रही, वह थी मोदी लहर। काँग्रेस ने चुनाव अच्छा लड़ा, बेहतर नेताओं को उम्मीदवार के रूप में उतारा, मगर ऐसा लगा कि चुनाव के दौरान मतदाताओं ने प्रत्याशी और पार्टी से ऊपर उठकर सिर्फ़ मोदी को वोट किया। जनता के मन में मोदी को दोबारा प्रधानमंत्री बनाने की इच्छा रही, जिसका असर चुनाव परिणाम में दिखा। वोट के दिन मतदाताओं से किसे वोट किया? यह सवाल पूछने पर वे साफ़ कहते थे कि मोदी को वोट दिया है। कई जगहों पर तो वोटर अपने प्रत्याशियों को जानते ही नहीं थे, फिर भी मोदी को वोट मिला। प्रदेश की कुल 29 में से दो सीटों पर ही बीजेपी एक लाख से कम अंतर से जीती, वरना तो दो लाख से ज़्यादा वोटों से जीतने वाली सीटें इक्कीस है। तीन लाख से ज़्यादा वोटों से जीतने वाली सीटें सोलह हैं, तो प्रदेश में दो सीटों पर बीजेपी पाँच लाख से ज़्यादा अंतर से जीती है। इससे साफ़ है कि मोदी की लहर और अंडर करंट लोकसभा चुनाव में रहा, जिसमें काँग्रेस और काँग्रेस के बड़े प्रत्याशी बह गए।

# अपनी बात

वैसे तो इस किताब का बीज चार साल पहले ही पड़ गया था, जब मेरी पहली किताब *चुनाव राजनीति रिपोर्टिंगः मध्यप्रदेश विधानसभा चुनाव 2013* छप कर आई थी। उस किताब के जल्दी-जल्दी निकले तीन संस्करणों ने बेहद खुशी दी और तभी तय कर लिया था कि अगले विधानसभा चुनाव पर इससे बेहतर किताब लिखनी है, मगर बेहतर लिखने के लिए ज़रूरी था कि चुनाव भी पिछले चुनाव से बेहतर हों, तब ही अच्छी किताब बनेगी और यक़ीन मानिए इस किताब के लिए परिस्थितियाँ भी ऐसी बनीं कि 2018 का चुनाव साँस रोक देने वाले परिणामों और पंद्रह साल बाद सत्ता में बदलाव के लिए यादगार हो गया।

मध्यप्रदेश के चुनावी इतिहास में पंद्रहवीं विधानसभा का चुनाव याद रखा जाएगा। इस चुनाव में जनता ने जहाँ पंद्रह साल से प्रदेश में गहराई तक जड़ें जमा चुकी बीजेपी को वोट तो ज़्यादा दिए, मगर सीटें कम देकर सत्ता से दूर कर उस काँग्रेस के हाथ में प्रदेश की कमान सौंप दी, जिसकी हँसी चुनाव के पहले बीजेपी नेता यह कह कर उड़ाया करते थे कि 'कहाँ है काँग्रेस'।

इस चुनाव को क़रीब से देखने के दौरान बहुत कुछ सीखा, समझा और जाना कि हर चुनाव दूसरे चुनाव से कैसे अलग होता है और कैसे उसे हर बार पुराने लोग नए तरीक़े और नई रणनीति से लड़ते हैं। चुनावों में तेज़ी से बढ़ते जा रहे तकनीक के दख़ल के कारण अब कार्यकर्ता की भूमिका सीमित होती जा रही है। इस चुनाव में इसे महसूस किया गया। पार्टियों की चुनावी रणनीति और प्रचार के तरीक़ों से लेकर चुनाव अभियान से जुड़ी छोटी से छोटी घटना को किताब में समेट कर कोशिश की गई है कि पाठक महसूस करे कि वह किसी चुनावी अभियान का हिस्सा है।

इस किताब को लिखने में कई वरिष्ठ साथियों और अनेक मित्रों ने मदद की, राशिद किदवई, मुकेश कुमार और गिरजा शंकर ने मेरी चुनावी रूचि को देखते हुए उसे बेहतर किताब के रूप में लाने की प्रेरणा दी, मेरे मित्र दीपक तिवारी, मनोज शर्मा, हेमेन्द्र शर्मा और अनुराग द्वारी ने चुनाव के दौरान राजनीतिक घटनाओं को समझने में मदद की, तो दिनेश शुक्ला, वासु चौरे और अभिषेक शर्मा ने उलझन भरें चुनावी आँकड़ों को इस किताब के लिए सरल बनाया। सीनियर फ़ोटोग्राफर अब्दुल मोईद फ़ारूकी और होमेन्द्र देशमुख के फ़ोटो भी इस किताब का हिस्सा बने हैं। आप सबका दिल से आभार।

एबीपी न्यूज के मेरे प्रबंध संपादक रजनीश आहूजा का बहुत-बहुत शुक्रिया जिन्होंने पूरे चुनाव के दौरान मुझे बेहतर स्टोरी करने के मौके दिए और आखिर में रजनी, बेटू और बुलबुल का शुक्रिया, जिनके लिए तय वक़्त में से मैंने इस किताब को लिखने का समय चुराया।

# 1

## पंद्रह साल बाद काँग्रेस का 'कमल' खिला

सन 2018, तारीख़ सत्रह दिसंबर, दिन सोमवार। भोपाल के बाहर की ओर बीएचईएल इलाक़े में सर्कस, एनसीसी और स्काउट के कैंप लगने वाले जंबूरी मैदान पर वैसे तो पिछले पंद्रह सालों में अनेक भव्य राजनीतिक आयोजन, कार्यकर्ता सम्मेलन और 2013 में मुख्यमंत्री शिवराज सिंह का शपथ ग्रहण समारोह भी हो चुका है, मगर आज जो आयोजन हो रहा था, वह कुछ अलग ही था। मैदान पर विशाल तंबू तना हुआ था। तंबू क्या था, कई सारे डोम थे और इन डोमनुमा पंडालों में आने के लिए हर तरफ़ से भीड़ चली आ रही थी। यह भीड़ काँग्रेस के कार्यकर्ताओं और नेताओं की थी, जो पंद्रह साल बाद काँग्रेस के किसी नेता के प्रदेश का मुख्यमंत्री बनने के इस ऐतिहासिक पल के गवाह बनने को उतावले थे। आगे जाने की क़वायद में कुछ पुलिस से जूझ रहे थे, तो कुछ जहाँ जगह मिली पंडाल में वहीं बैठते जा रहे थे। अब तक इस जगह पर बीजेपी के अनुशासित कार्यक्रमों से दो चार होने वाले मीडिया के लोग हैरान-परेशान थे कि किसी तरह अंदर जाने को मिल जाए। मैदान के हर वीआईपी गेट पर अपार भीड़ थी। जिनके हाथों में आमंत्रण के पास थे, वे तो अंदर जाना ही चाहते थे, जिनके पास आमंत्रण के पास नहीं थे, वे भी अंदर जाना अपना अधिकार मान रहे थे। उधर, पुलिस वाले पूरे दमखम से अनावश्यक भीड़ को ख़ास प्रवेश द्वारों से

आने से रोक रहे थे और उनकी मदद कर रहे थे नए-नए सत्ता पाए काँग्रेस कार्यकर्ता, जो सिर्फ़ पहचान के लोगों को ही अंदर प्रवेश दिला रहे थे।

## पंडाल और पोस्टरों में संजय गाँधी

पंडाल के आस-पास काँग्रेस के नेताओं के होर्डिंग्स लगे थे। राहुल गाँधी और सोनिया गाँधी के अलावा संजय गाँधी के होर्डिंग्स पंडाल के आस-पास, कार्यक्रम स्थल आने के रास्ते और शहर के चौराहों पर भी लगे थे। दरअसल, मुख्यमंत्री पद की शपथ लेने जा रहे कमलनाथ स्वर्गीय संजय गाँधी के ख़ास मित्र थे, इसलिए मंच सजाने और प्रचार की ज़िम्मेदारी सँभालने वाले जनसंपर्क विभाग ने नए मुख्यमंत्री के पुराने सखा का भी ख़ास ख़याल रखा।

उधर, विशाल तंबू के अंदर मीडिया के कैमरों के लिए जो गहरी खाई खोदी गई थी, उसमें भी थोड़ी देर बाद ही खड़े होने को जगह नहीं बची थी। कुछ नहीं तो फ़ोटोग्राफर मंच के सामने लगाई गई जाली में लटके थे और पीछे खड़े वीडियोग्राफ़रों से मिन्नतें कर रहे थे कि एक दो फ़ोटो लेकर हट जाएँगे। उधर, कैमरामैनों के समक्ष अपने लाइव का फ़्रेम बिगड़ने का ख़तरा बना ही हुआ था। कई क्षेत्रीय और राष्ट्रीय चैनल इस कार्यक्रम को लाइव दिखाने की तैयारी में थे।

मंच के पास कई चैनलों की ओबी वैन भी ऐंटिना तान कर सुबह से ही खड़ी थीं। अपार जनता और सैकड़ों मीडियाकर्मियों के ठीक सामने सजा हुआ था तक़रीबन सौ फ़ीट लंबा और साठ फ़ीट चौड़ा विशाल मंच, जिस पर मध्यप्रदेश के नवनिर्वाचित मुख्यमंत्री कमलनाथ को शपथ लेनी थी। पंद्रह साल से जमी बीजेपी सरकार को पलटकर बनी काँग्रेस की नई सरकार के शपथग्रहण समारोह के इस मौक़े को काँग्रेस ने संयुक्त प्रगतिशील गठबंधन यानी यूपीए का जमावड़ा बनाने में कोई कसर नहीं छोड़ी थी।

## दिग्विजय मेज़बान के रोल में

विशाल मंच के पीछे दो हेलिपैड बनाए गए थे, जिनमें यूपीए के बड़े नेताओं को आना था। नीचे उत्साही कार्यकर्ताओं को पुलिस, तो मंच पर आ रहे नेताओं को मेज़बान की भूमिका में काँग्रेस नेता दिग्विजय सिंह सँभाल रहे थे। कभी वे बीजेपी के पूर्व मुख्यमंत्री बाबूलाल गौर का हाथ पकड़ कर उनको

उनकी सीट तक ले जा रहे थे, तो कभी बीजेपी के वरिष्ठ नेता कैलाश जोशी को आदर से मंच पर ला रहे थे। मंच के ठीक बीच में वह डायस थी, जहाँ से खड़े होकर राज्यपाल आनंदी बेन पटेल प्रदेश के अठारहवें मुख्यमंत्री कमलनाथ को शपथ दिलाने वाली थीं। इसी मंच के एक कोने में ऐसा नज़ारा था, जो पहले कभी काँग्रेस के कार्यक्रमों में देखा नहीं गया था। उस कोने में ढेर सारे भगवाधारियों संन्यासियों को बैठा दिया गया था। इन साधु-संन्यासियों में सबसे आगे थे कुछ दिन पहले ही बीजेपी छोड़ काँग्रेस की नई-नई भक्ति में रंगे कंप्यूटर बाबा, स्वामी सुबुद्धानंदजी, उनके चेले और कुछ अन्य बाबा बैरागी। सर्वधर्म समभाव का कोरम पूरा करने के लिए सिख समाज के ज्ञानीजी, मुस्लिम समाज के क़ाज़ीजी और बौद्ध धर्म के भंतेजी को भी मंच पर बैठा लिया गया था। खाली वक़्त में इनको माइक भी थमा दिया जाता था, मगर जब कंप्यूटर बाबा ने पुरानी सरकार को भला-बुरा कहना शुरू किया, तो माइक का साउंड दिग्विजय सिंह ने बंद कराया, क्योंकि पिछली सरकार के मुखिया शिवराज सिंह भी तब तक मंच पर आ गए थे।

## काँग्रेस की सभा, शिवराज का फ़ोटो सेशन

हैरानी की बात यह थी कि बीजेपी सरकार की विदाई के इस मौक़े पर भी शिवराजजी के उत्साह में कोई कमी नहीं दिख रही थी, वे भीड़ को देख वैसे ही हाथ लहरा रहे थे, जैसे वे यहाँ उनकी पार्टी की ओर से होने वाले सम्मेलनों में मंच के इस कोने से उस कोने में जाकर हिलाते थे, मगर यह क्या अचानक शिवराज के सामने पड़ जाते हैं *माफ़ करो महाराज* यानी काँग्रेस के चमकदार नेता ज्योतिरादित्य सिंधिया। पूरे चुनाव अभियान में बीजेपी का नारा रहा था *माफ़ करो महाराज हमारे नेता तो शिवराज।*

अब शिवराज सकुचाते हैं, मगर सिंधिया तो जोश में होते हैं, वे शिवराज को गले लगाते हैं और यह नज़ारा देख रहे कमलनाथ भी पास आ जाते हैं और बन जाता है इस शपथ ग्रहण समारोह का सबसे यादगार फ़ोटो, जिसमें बीच में खड़े शिवराज एक तरफ़ सिंधिया, तो दूसरी तरफ़ कमलनाथ का हाथ पकड़कर जनता की तरफ़ देख रहे हैं, जैसे रिले दौड़ में होता है, धावक अपना बेटन आगे दौड़ने वाले धावक को थमाता है, कुछ उसी अंदाज़ में दिखे शिवराज, कमलनाथ को हाथ पकड़ कर बधाई देते हुए, हालाँकि

चुनाव के पहले पाला बदल कर बीजेपी से काँग्रेस में जाने वाले और चुनाव लड़ने वाले शिवराज सिंह के चर्चित साले संजय मसानी मंच से नीचे मीडिया के एनक्लोज़र में धक्का-मुक्की करते नज़र आए।

## चार्टर्ड बस में सवार यूपीए

एक तरफ़ स्टेज पर राम भरत मिलाप चल रहा होता है, तो दूसरी तरफ़ से आना शुरू हो जाता है यूपीए के महारथियों का। पहले यह तय था कि यूपीए के सारे नेता भोपाल एयरपोर्ट से जंबूरी मैदान तक हेलिकॉप्टर से ही आएँगे, जिसके लिए मंच के पीछे दो हेलिपैड भी बनाए गए थे, मगर बाद में इन सभी के लिए एक बड़ी चार्टड बस की गई, जिसमें बैठ कर काँग्रेस अध्यक्ष राहुल गाँधी, पूर्व प्रधानमंत्री मनमोहन सिंह, लोकसभा में काँग्रेस संसदीय दल के अध्यक्ष मल्लिकार्जुन खड़गे, एनसीपी के शरद पवार, डीएमके के एमके स्टालिन, लोकतांत्रिक जनता दल के शरद यादव, नेशनल कॉफ्रेंस के फारूक अब्दुल्ला, आरजेडी के तेजस्वी यादव, पूर्व प्रधानमंत्री और जनता दल एस के एचडी देवगौड़ा, कर्नाटक के सीएम कुमारस्वामी, पुडुचेरी के सीएम नारायणसामी, तेलुगूदेशम के प्रमुख चंद्रबाबू नायडू, झारखंड मुक्ति मोर्चा के अध्यक्ष हेमंत सोरेन, महाराष्ट्र स्वाभिमान पार्टी के राजू शेट्टी, तृणमूल काँग्रेस के अरविंद त्रिवेदी और थोड़ी देर पहले ही राजस्थान के मुख्यमंत्री बने अशोक गहलोत और उपमुख्यमंत्री सचिन पायलट एक-एक कर मंच तक पहुँचे।

## कमलनाथ का कुनबा

कमलनाथ के परिवार के सारे सदस्य, जिनमें उनके दोनों बेटे नकुल नाथ और बकुल नाथ अपनी पत्नी, बच्चों के साथ मंच पर आगे बैठे थे। कमलनाथ के भाई, बहन और बहनोई भी शपथग्रहण समारोह को देखने दूर से आए थे। हाँ, इस मौके पर कमलनाथ की पत्नी अलकानाथ की कमी कमलनाथ को क़रीब से जानने वालों ने महसूस की। तय समय यानी दो बजकर तीस मिनट पर राज्यपाल आनंदी बेन पटेल आईं और कमलनाथ को मध्यप्रदेश के अठारहवें मुख्यमंत्री पद की शपथ दिलवाई। पहले यह भी तय था कि शपथ लेने के बाद मंच से राहुल गाँधी और कमलनाथ अपने कार्यकर्ताओं और जनता को संबोधित करेंगे।

मगर राज्यपाल आनंदी बेन से लेकर राहुल गाँधी तक को रायपुर जाना था, जहाँ पर काँग्रेस की एक और सरकार भूपेश बघेल के नेतृत्व में शपथ लेने का इंतज़ार कर रही थी। इसलिए मंच पर इकट्ठे हुए यूपीए के सारे नेताओं ने एक साथ हाथ उठाकर फ़ोटो खिंचवाई और चलते बने अपनी उस बस की ओर, जो उनको वापस एयरपोर्ट ले जाने वाली थी और वहाँ से स्पेशल प्लेन उन्हें रायपुर ले जाना वाला था। कुल मिलाकर कमलनाथ के शपथ ग्रहण का मंच अठारह विपक्षी दलों की एकजुटता का मंच बन गया था, हालाँकि समाजवादी पार्टी के अखिलेश यादव, बहुजन समाज पार्टी की मायावती और तृणमूल काँग्रेस की ममता बनर्जी ने इस कार्यक्रम से दूरी बनाए रखी।

## बीजेपी के तीन पूर्व सीएम

उधर, भोपाल के जंबूरी मैदान पर सत्ता परिवर्तन की औपचारिकता पूरी हो गई थी। पंद्रह साल पुरानी बीजेपी सरकार अब पूर्व हो गई थी। और मंच पर रह गए थे बीजेपी के तीन पूर्व मुख्यमंत्री कैलाश जोशी, बाबूलाल गौर और शिवराज सिंह चौहान। जो चौहान इस कार्यक्रम में शामिल होने वीआईपी वन के रूप में बड़े क़ाफ़िले के साथ आए थे, वे शिवराज अब एक सामान्य वीआईपी बन कर इकलौती कार के 'क़ाफ़िले' में लौट रहे थे और उधर, कमलनाथ राज्य सरकार से मिली नई टोयोटा फ़ॉरचूनर में लंबे चौड़े क़ाफ़िले के साथ रवाना हो चुके थे वल्लभ भवन, मंत्रालय की ओर, जहाँ एक और बड़ा मौक़ा उनका इंतज़ार कर रहा था। जंबूरी मैदान से गुज़रते हुए कमलनाथ अपने क़ाफ़िले के रास्ते में मिलने वाले काँग्रेस कार्यकर्ताओं और जनता से हाथ मिलाते हुए जा रहे थे। लोग उनको देखने और मिलकर बधाई देने को उतावले हो रहे थे, हालाँकि उनको थोड़ी देर पहले ही मिले ढेर सारे सुरक्षा गार्ड किसी का भी हाथ कमलनाथ तक नहीं आने दे रहे थे, मगर पास से देखने में कमलनाथ के चेहरे पर ग़ज़ब का संतोष दिख रहा था। कमलनाथ उम्मीदों के रथ पर सवार होकर मध्यप्रदेश आए थे, वे इसे समझ रहे थे। प्रचार के दौरान वे कहते थे कि उनकी लड़ाई बीजेपी से नहीं, समय से है, क्योंकि उन्हें कम समय मिला है चुनाव लड़ने और तैयारी करने के लिए। इसलिए जंबूरी मैदान से कमलनाथ निकल पड़े थे मंत्रालय यानी

वल्लभ भवन की ओर, जहाँ औपचारिक तौर पर उनको प्रदेश के मुख्यमंत्री का पद सँभालना था और पूरी करनी थी लोगों की वे सारी उम्मीदें, जिनको लेकर जनता ने उनको जिताया था।

## शिवराज ने बनवाया, पर बैठे कमलनाथ

वक़्त की बलिहारी देखिए कि वल्लभ भवन से जुड़ी मंत्रालय की तक़रीबन साढ़े छह सौ करोड़ की चमकदार जिस एनेक्सी को पूर्व सीएम शिवराज सिंह ने बनवाया था, उसका उद्घाटन शपथ ग्रहण कर पहली बार यहाँ पहुँचे कमलनाथ ने किया और जा पहुँचे सीधे पाँचवीं मंज़िल पर अपने चमचमाते दफ़्तर में, जहाँ उन्होंने सबसे पहले किसानों की क़र्ज़ माफ़ी के आदेश पर दस्तख़त किए, क्योंकि यही वह वादा था, जिससे काँग्रेस ने बीजेपी पर बढ़त बनाई और चुनाव जीता। क़र्ज़ माफ़ी की इस फ़ाइल के साथ एक के बाद चार फ़ाइलों पर दस्तख़त किए। क़र्ज़ माफ़ी के अलावा कन्या विवाह की सहायता राशि बढ़ाकर 51 हज़ार रुपये करने, नए उद्योगों में 70 फ़ीसदी स्थानीय लोगों को रोज़गार देने और प्रदेश में चार गारमेंट पार्क बनाने को स्वीकृति दी। इन चार बड़े फ़ैसलों की फ़ाइलों पर दस्तख़त करने के बाद कमलनाथ ने मंत्रालय के कक्ष में मौजूद मुख्य सचिव बीपी सिंह को काँग्रेस का घोषणा-पत्र, जिसे वे वचन-पत्र कहते हैं, दिया और कहा, "मेरी सरकार के इन सारे वचनों को पूरा करना ही सरकार का काम है, ये जनता की अपेक्षाओं का दस्तावेज़ है, इसे समाज के हर वर्ग ने तैयार किया है।" बाद में अफ़सरों की बड़ी बैठक में उन्होंने इस बात पर ज़ोर दिया कि अफ़सरों को आउट ऑफ़ बॉक्स सोचना होगा और अब पुराना ढर्रा नहीं चलेगा, क्योंकि सरकार बदल गई है।

## क़र्ज़ माफ़ी का मास्टरस्ट्रोक

बीजेपी की पंद्रह साल से जमी जमाई सरकार को बदलने में किसान क़र्ज़ माफ़ी के वादे ने बड़ी भूमिका निभाई और यही वजह थी कि कमलनाथ ने मुख्यमंत्री पद की शपथ लेने के डेढ़ घंटे के अंदर ही किसान क़र्ज़ माफ़ी की फ़ाइल पर सबसे पहले दस्तख़त किए। सरकार के इस एक फ़ैसले से प्रदेश के तक़रीबन पचास लाख किसानों का भला होना है, जिसके लिए पैंतीस से

पचास हज़ार करोड़ रुपये का ख़र्चा अनुमानित है, मगर नए मुख्यमंत्री ने इस वादे को पूरा करने की प्रक्रिया शुरू करने में ज़रा भी वक़्त नहीं लगाया, हालाँकि राहुल गाँधी भी यहाँ याद आ रहे हैं, जिन्होंने एमपी की चुनावी सभाओं में कहा था कि यदि क़र्ज़ माफ़ी दस दिन में नहीं हुई, तो ग्यारहवें दिन मुख्यमंत्री बदल जाएगा। और कमलनाथ अपने मुखिया को सीएम बदलने का मौक़ा नहीं देना चाहते थे, भले ही प्रदेश पर पौने दो लाख करोड़ का क़र्ज़ा पुरानी सरकार छोड़ गई हो, मगर क़र्ज़ माफ़ी के लिए पैसे तो आ ही जाएँगे, यह कमलनाथ जानते हैं। कमलनाथ ने इसकी तैयारी चुनाव के दिनों में ही कर रखी थी कि किस तरीक़े से किसानों का क़र्ज़ा माफ़ होगा।

# 2

# पंद्रह साल बीजेपी बेमिसाल

सन 2003, तारीख़ आठ दिसंबर। भोपाल का लाल परेड ग्राउंड भगवा रंग से नहाया हुआ था। प्रदेश के तक़रीबन हर जिले से आई जनता की भीड़-भाड़ तो थी ही, साधु-संतों का रैला भी हर ओर से चला आ रहा था। इन साधु-संतों को पद और प्रतिष्ठा को देखते हुए कभी मंच पर, तो कभी मंच के सामने बने स्थान पर सम्मानजनक तरीक़े से बैठाया जा रहा था। और ये सारी व्यवस्थाएँ सँभाल रहे थे सरकारी अफ़सर, जिसमें उनकी मदद कर रहे थे बीजेपी के कार्यकर्ता। दरअसल, यह मौक़ा था बीजेपी की फ़ायरब्रांड नेता उमाश्री भारती के शपथ ग्रहण समारोह का। यह समारोह उमाजी की ज़िद पर राजभवन की चारदीवारी से बाहर बीच भोपाल में बने इस ग्राउंड पर किया जा रहा था। साधु-संन्यासियों की मौजूदगी में राज्यपाल रामप्रकाश गुप्ता ने उमा भारती को मध्यप्रदेश के पंद्रहवें मुख्यमंत्री की शपथ दिलवाई और वहाँ मौजूद भारी जनसमुदाय ने नारेबाज़ी करके, तो साधु-संतों ने फूल बरसाकर उमा भारती को लंबे समय तक प्रदेश का यशस्वी मुख्यमंत्री बने रहने की शुभकामनाएँ दीं। पहले युवा प्रवचनकार, फिर सांसद, फिर संन्यासी और अब मुख्यमंत्री बनीं उमा भारती ने इस मौक़े पर मंच पर दोनों हाथ उठाकर मुट्ठी बाँधकर अपनी विशेष शैली में जब जनता का शुक्रिया अदा किया, तो मैदान में मानो करंट सा दौड़ गया। दिग्विजय सिंह की दस साल पुरानी काँग्रेस की सरकार को अपदस्थ करने का सेहरा उमा भारती के सर पर सजा था और ये क्षण चरम पर था उमा और उनके समर्थकों के लिए।

## उमा की बेदर्दी से विदाई

मगर जैसा सोचा जाता है, वैसा होता नहीं है। साधु-संतों का लंबे समय तक मुख्यमंत्री बने रहने का आशीर्वाद उमाजी को तो नहीं, पर बीजेपी को फल गया। 2003 से 2018 तक बीजेपी का निर्बाध शासन मध्यप्रदेश में रहा, हाँ, उमाजी की विदाई जल्दी ही मुख्यमंत्री पद से हो गई। तक़रीबन ढाई सौ दिन में ही उमा भारती को भोपाल की श्यामला हिल्स का मुख्यमंत्री निवास छोड़कर सड़कों पर फिर उन्हीं लोगों के ख़िलाफ़ उतरना पड़ा, जिनके ख़िलाफ़ उन्होंने कुछ महीने पहले सड़कों पर जमकर संघर्ष करके काँग्रेस की दस साल से जमी सरकार को हटाया था। कुछ तो सरकार चलाने में अपरिपक्वता, जिससे रोज़ नए विवाद सामने आ रहे थे, तो दूसरी ओर बीजेपी आलाकमान से लगातार होने वाली खटपट ने उमा भारती को कर्नाटक के हुबली झंडा केस में मुख्यमंत्री पद छोड़ने को बाध्य कर दिया। कर्नाटक के शहर हुबली के ईदगाह मैदान पर 15 अगस्त 1994 को उमा भारती और उनके समर्थकों की ओर से तिरंगा झंडा फहराने की कोशिश की गई थी, जिस पर विवाद बढ़ा, गोलियाँ चलीं और कफ़र्यू लगाना पड़ा। इस विवाद में उमा पर पुलिस थाने में केस दर्ज़ था, जिसे कर्नाटक की काँग्रेस सरकार ने 2004 में फिर से खोलकर उमा को घेरने की कोशिश की थी।

कोर्ट ने उमा भारती का गिरफ़्तारी वारंट जारी किया। मुख्यमंत्री के पद पर रहते हुए उमा की गिरफ़्तारी बीजेपी आलाकमान को नागवार गुज़र रही थी। उधर, उमा थीं कि दुस्साहस भरे काम को स्वतंत्रता संग्राम के सेनानियों जैसा सम्मान का काम समझ कर इसे भुनाना चाहतीं थीं, मगर उनकी ज़िद आलाकमान के आगे काम नहीं आई। कुछ कर्नाटक पुलिस की सक्रियता और कुछ आलाकमान के अड़ियल रवैये के आगे उमा को हथियार डालने को मज़बूर होना पड़ा। भारी बहुमत के साथ मुख्यमंत्री पद पर आईं उमा की विदाई नौ महीने में ही हो गई।

## उमा की गौर को क़सम

आठ दिसंबर 2003 को धूमधाम से मुख्यमंत्री बनने वाली उमा भारती अगले साल 23 अगस्त 2004 को पूर्व मुख्यमंत्री बन गईं। किसी ने भी सोचा नहीं था कि बीजेपी को भारी बहुमत से सत्ता में लाने वालीं उमा की मुख्यमंत्री पद

से विदाई इतनी जल्दी होगी। उमा भी कम नहीं थीं, उन्होंने पद तो छोड़ा, पर अपने उत्तराधिकारी के तौर पर भोपाल की गोविंदपुरा सीट के बुजुर्ग विधायक बाबूलाल गौर को चुना। उन्हीं गौर को, जिनको विधानसभा चुनाव में टिकट नहीं मिले और इसके लिए उमा खेमे के लोगों ने जमकर कोशिश की थी। गौर साहब की मानें, तो उमा ने बाबूलाल गौर को अपने घर के पूजा कक्ष में भगवान की मूर्तियों के सामने हाथ रखवाकर क़सम खिलवाई थी कि वे जब चाहेंगी, तब बाबूलाल गौर उनके लिए पद छोड़कर हट जाएँगे। इसके बाद ही उमा भारती तब गौर के नाम पर सहमत हुईं और आलाकमान ने भी उनकी बात मानी और उत्तरप्रदेश के प्रतापगढ़ के बाबूलाल गौर मध्यप्रदेश के सोलहवें मुख्यमंत्री बन बैठे। पहले भोपाल की मिलों में मज़दूरी, फिर वकालत और फिर नेतागिरी के रास्ते प्रदेश के मुख्यमंत्री पद तक पहुँचे गौर मान कर चल रहे थे कि वे समय भरने वाले सीएम के रूप में चुने गए हैं। जिस दिन पार्टी को उनका उचित विकल्प मिल जाएगा, उनको पद छोड़ना पड़ेगा। मगर ‘नाइटवाचमैन’ की गौर की पारी भी कुछ अप्रिय विवादों के कारण एक साल अठानवे दिन में ही ख़त्म हो गई, हालाँकि इस बीच में गौर भी उमा से अपनी अच्छी ख़ासी दूरी बनाकर आलाकमान के पक्के क़रीबी बन गए थे। और गाहे-बगाहे उमा के बारे में उल्टा-सीधा भी बोल देते थे। सीएम का पद सँभालने के कुछ दिनों बाद ही उन्होंने उमा को डूबता जहाज बता कर विवाद मोल ले लिया था। मगर गौर मानते थे कि उनको जो मिला है, पार्टी से मिला है और पार्टी ही सर्वोपरि है, जब पार्टी कहेगी, वे पद छोड़ देंगे और पार्टी ने उनसे 29 नवंबर 2005 को मुख्यमंत्री पद छोड़ने को कह दिया और नए मुख्यमंत्री बने सीहोर जिले के जैत गाँव के शिवराज सिंह चौहान, जो प्रदेश की राजनीति से दूर दिल्ली के बियावान में विदिशा के सांसद के तौर पर जाने जाते थे।

इधर, डेढ़ साल में ही तीन मुख्यमंत्री देने वाली बीजेपी पर जनता का विश्वास डिगने लगा था। उधर, कॉंग्रेस भी उत्साहित थी कि सहज सरल छवि वाले शिवराज भला क्या सरकार चला पाएँगे। इनको एक-दो साल में पार्टी चलता कर देगी, मगर शिवराज ने मुख्यमंत्री पद ऐसा सँभाला कि छुड़ाए नहीं छूटा। शिवराज ने जब एक के बाद एक चुनाव अपने नेतृत्व में बीजेपी को जितवाए, तब कहीं राजनीतिक जानकारों की समझ में आया कि सामान्य कद-काठी वाला यह नेता कितना गहरा और सुलझा हुआ राजनेता है।

## शिवराज सिंह की हिचकोले खाती लंबी पारी

29 नबंवर 2005 को मध्यप्रदेश के मुख्यमंत्री के तौर पर शपथ लेने के बाद शिवराज ने पलट कर नहीं देखा। इस पद की शपथ लेने वाले शिवराज प्रदेश के सत्रहवें नेता थे। राजनीति में आने से पहले उन्होंने भोपाल के मॉडल हायर सेकेंडरी स्कूल में स्कूली पढ़ाई की और सैफ़िया कॉलेज से दर्शन-शास्त्र में एम.ए. किया था। स्कूल के दिनों से बीजेपी की छात्र इकाई अखिल भारतीय विद्यार्थी परिषद और बाद में भारतीय जनता युवा मोर्चा से जुड़कर शिवराज ने राजनीति सीखी और अपने से बड़ों का ग़ज़ब सम्मान करने की उनकी आदत के कारण वे पार्टी के बुज़ुर्ग नेताओं में ख़ूब लोकप्रिय हो गए और यहीं से राजनीति में आगे निकलने की शुरुआत हो गई। शिवराज सबसे पहले 1990 में बुधनी से विधायक बने, फिर 1991 में विदिशा से पहली बार सांसद चुने गए और 1996, 1998, 1999, 2004 में हुए आम चुनावों में लगातार सांसद निर्वाचित होने के बाद 2006 में मुख्यमंत्री बने थे, हालाँकि इसके पहले वे पार्टी के कहने पर 2003 में भी तत्कालीन मुख्यमंत्री दिग्विजय सिंह के ख़िलाफ़ राघौगढ़ से विधानसभा का चुनाव लड़कर हार चुके थे, मगर यह कोई नहीं जानता था कि हारने के बाद भी वे फिर उसी विधानसभा में मुख्यमंत्री बनेंगे।

मुख्यमंत्री के कार्यकाल में शिवराज ने मध्यप्रदेश में राजनीति का नया व्याकरण रच दिया। राजनीति और लोकनीति के इस व्याकरण में सरलता है, सहजता है, विनम्रता है और बड़े नेता होने का अहंकार दूर-दूर तक नहीं है और सबसे बड़ी बात लगातार मेहनत करने की वह क्षमता है, जो आजकल के नेताओं में कम दिखती है। शिवराज सिंह चौहान भोपाल से क़रीब साठ किलोमीटर दूर सीहोर जिले के छोटे से गाँव जैत से आए थे। नर्मदा किनारे बसे गाँव में शिवराज ने गाँव की ग़रीबी और पिछड़ेपन को क़रीब से देखा था। पिछड़े वर्ग के किसान परिवार की परेशानी उन्होंने भोगी थी। यही वजह रही कि उनकी योजनाओं में गाँव के ग़रीब और किसान के साथ ही उन महिलाओं का स्थान ज़रूर होता था, जो आमतौर पर हर परिवार में पिछड़ी और शोषित होती हैं।

## लाड़लियों के मामा शिवराज

सरकार के शुरुआती दिनों में ही लाड़ली लक्ष्मी योजना के नाम पर उन्होंने ग़रीब परिवारों की बेटियों के लिए सरकार की ओर से कुछ रुपये जमाकर उनके बड़े होने पर लाख रुपये देने की योजना बनाई, तो बड़ी बेटियों के विवाह की मुख्यमंत्री कन्यादान योजना बनाकर प्रदेश की महिलाओं के दिलो-दिमाग़ में अपनी जगह बना ली। बस फिर क्या था, अब तो शिवराज बेटियों और छोटे बच्चों के मामा बन गए। अपनी सभाओं में वे खुलकर बोलने लगे थे कि "एक को छोड़कर मेरी सारी बहनों और मेरे ढेर सारे भांजे-भांजियों, आप सबका मामा शिवराज जब तक है, घबराना नहीं।" शिवराज 1991 में बुधनी से विधायक थे, मगर विदिशा और लखनऊ से लोकसभा चुनाव जीतने के बाद जब अटल बिहारी वाजपेयी ने विदिशा सीट छोड़ी, तो सांसद के चुनाव पर पार्टी ने शिवराज सिंह को उतारा था, इसलिए बुधनी से वे दूर थे, मगर मुख्यमंत्री बनने के बाद विधानसभा का सदस्य बनने के लिए उन्होंने फिर बुधनी सीट को चुना, जहाँ के विधायक राजेंद्र सिंह ने उनके लिए मुश्किल से सीट छोड़ी और शिवराज ने यह चुनाव अपने गाँव जैत के पास के गाँव बकतरा के काँग्रेसी नेता राजकुमार पटेल को 36 हज़ार वोटों से हराकर जीता। इस चुनाव को जीतने के लिए भी शिवराज ने मुख्यमंत्री होने के बावजूद 163 किलोमीटर की पदयात्रा की, जिस पर लोग हैरान रह गए और शिवराज का लोहा मान गए।

शिवराज सिंह चुनाव लड़ने और जीतने के माहिर व्यक्ति हैं, यह कुछ दिनों बाद लोगों को पता चला। मुख्यमंत्री होने के बाद भी वे नगरपालिका से लेकर महापौर के चुनाव में भी प्रचार में पीछे नहीं हटते। पूरे वक़्त वे चुनावी मोड में रहते हैं। पूछने पर कहते भी हैं, "लोकतंत्र में चुनाव ही सब कुछ होता है और मेरे प्रचार करने से पार्टी चुनाव जीतती है, तो मुझे कहीं भी प्रचार करने में कोई झिझक नहीं होती।" विधानसभा चुनावों के दौरान तो उनका चुनाव प्रचार सुबह दस बजे से शुरू होकर देर रात दो-ढाई बजे तक चलता रहता था, बशर्ते आचार संहिता न लगी हो। उनकी जनआशीर्वाद रैलियों में भी उनकी गाड़ी गाँवों में देर रात तक घूमती रहती और शिवराज उसी उत्साह से लोगों से मिलते रहते। वे गाड़ी की छत पर चढ़कर भाषण देते और बाद में गाड़ी की आगे की सीट पर बैठकर खिड़की से लोगों से

हाथ मिलाते रहते। उमा भारती के बीजेपी से हटने के बाद छतरपुर जिले की बड़ा मलहरा में 2006 में हुए उपचुनाव के बाद से तो शिवराज सिंह ने उपचुनाव जीतने का सिलसिला सा शुरू कर दिया। पत्रकार दीपक तिवारी की किताब *राजनीतिनामा मध्यप्रदेश* की मानें, तो बड़ा मलहरा में उमा भारती के सीट छोड़ने पर हुए उपचुनाव में बीजेपी की जीत के बाद से चुनाव जीतने का फ़ार्मूला सा शिवराज सिंह को मिल गया।

## चुनाव प्रेमी शिवराज

शिवराज के मुख्यमंत्री बनने के पहले हुए दो उपचुनावों में काँग्रेस जीती थी, मगर उनके मुख्यमंत्री बनने के बाद क़रीब दो दर्जन से ज़्यादा उपचुनावों में काँग्रेस मुश्किल से नौ बार ही जीत पाई। पंद्रह सालों में हुए उपचुनावों में सत्रह जगहों पर बीजेपी ने झंडा गाड़ा, तो काँग्रेस सिर्फ़ नौ जगह ही जीत पाई, लेकिन लोकसभा के लिए हुए उपचुनावों में बीजेपी, काँग्रेस बराबरी पर रहे। छह सीटों पर हुए चुनावों में काँग्रेस खरगौन, सीधी और रतलाम जीती, तो बीजेपी ने ग्वालियर, शहडोल और विदिशा के लोकसभा उपचुनाव जीते। शिवराज के राज में बीजेपी चुनाव जीतने की मशीन बन गई थी, यही वजह थी कि शिवराज को राज करने के लिए इतना लंबा वक़्त बेधड़क मिला। दलगत राजनीति चुनाव जीतने के लिए की जाती है और इसमें शिवराज सिंह के लगातार बेहतर प्रदर्शन से बीजेपी आलाकमान में हुए कई बदलावों के बाद भी उनको बदला नहीं गया।

2008 में तेरहवीं विधानसभा चुनाव शिवराज सिंह की अगुआई में लड़ा गया और शिवराज की सहजता, सरलता और प्रदेश की जनता के साथ रिश्ते बनाने की उनकी कोशिश के चलते बीजेपी ने चुनाव बड़े आराम से जीता, हालाँकि बीजेपी की सीटें 2003 में 173 थीं, जो तीस सीटें घट गईं और पार्टी ने 143 सीटें जीतीं। सीटों का नुक़सान तो हुआ, मगर बीजेपी की सरकार आराम से बनी। काँग्रेस ने ज़रूर तैंतीस सीटों का फ़ायदा पाया और अपनी सीटों की संख्या 38 से 71 कर लीं। इस चुनाव में बीजेपी को पिछला चुनाव जिताने वाली उमा भारती भारतीय जनशक्ति पार्टी के नाम से चुनाव लड़ रही थीं, मगर शिवराज विजेता बन कर उभरे और उमा की पार्टी को मात्र छह सीटें मिलीं। उमा ने टीकमगढ़ से चुनाव लड़ा और हार गईं।

विधानसभा चुनावों में इस जीत के बाद बीजेपी ने मान लिया कि मध्यप्रदेश में चुनाव जिताऊ नेता पार्टी को मिल गया है। इसके बाद प्रदेश की पूरी बीजेपी धीरे-धीरे शिवराज के पीछे खड़ी होने लगी। पार्टी में उनसे वरिष्ठ विधायक भी मानने लगे कि शिवराज में जादू है, वे जनता से सीधा संपर्क बनाते हैं, जमकर मेहनत करते हैं, ग़रीब और किसानों के लिए बेहतर योजना बनाते हैं और इनके दम पर चुनाव जिताते हैं।

## भीड़ प्रेमी शिवराज

शिवराज सिंह की सक्रियता ने भी बीजेपी को मध्यप्रदेश में नई ऊँचाइयाँ दीं। सुबह से तैयार होकर दौरों पर निकल जाना, फिर रात तक लौटना और वापस आकर कभी मंत्रालय में बैठकर समीक्षाएँ करना उनका पसंदीदा काम रहा। तक़रीबन तेरह सालों के अपने कार्यकाल में शिवराज ने प्रदेश की परिक्रमा कई बार कर ली। कभी हेलिकॉप्टर और हवाई जहाज से, तो कभी चुनाव के दौरान बनाए गए रथों से।

जनता से मिलना-जुलना शिवराज को इतना पसंद है कि उनके अधिकारियों ने सीएम हाउस में ही एक बड़ा तंबू तान रखा था, जहाँ हर दूसरे-तीसरे दिन कोई न कोई आयोजन होता। समाज के अलग-अलग वर्गों की पंचायतें इसी तंबू में होती आईं। मज़दूर पंचायत से लेकर महिला पंचायत, छात्र पंचायत, डॉक्टर पंचायत और वकील पंचायत तक इस पंडाल में हुई, जहाँ शिवराज पहले बुलाए गए वर्ग को सुनते और उसके बाद उनकी बेहतरी के लिए सरकारी ऐलान कर वाह-वाही लूटते। घर पर लगे इसी पंडाल में सारे तीज-त्यौहार मनाने की परंपरा भी शिवराज ने डाली। रोज़ा-इफ़्तार पार्टी, जन्माष्टमी, क्रिसमस और पर्यूषण पर्व तक यहाँ हर साल मनाया जाता। होली के रंग भी सीएम हाउस के लॉन में उड़ते, जिसमें शिवराज अपनी पत्नी साधना सिंह के साथ ढोल-मंजीरे उठाकर फागें गाते। इसका मक़सद यही रहा कि शिवराज ने अपनी छवि सामान्य आदमी के बीच के मुख्यमंत्री की गढ़ी और सीएम हाउस के दरवाज़े सभी के लिए खोल दिए, जिससे लोग यह समझें कि उनमें से ही कोई मुख्यमंत्री है। जनता से मिलने के लिए वे हमेशा आतुर रहते। ऐसे में मुसीबत हो जाती उनके सुरक्षा गार्डों की, जब वे जनता को पास आने से रोकते, मगर मुख्यमंत्री उनको अपने पास बुलाते,

कुछ मौक़ों पर तो वे सुरक्षा गार्डों पर झुँझला भी पड़ते थे, मगर सहज दिल शिवराज ने एमपी के सीएम की तरह नहीं, बल्कि जनता की पहुँच में रहने वाले पार्षद की तरह काम किया।

## अति सक्रिय शिवराज

उज्जैन में 2016 में सिंहस्थ चल रहा था और उसी बीच तेज़ आँधी में मेले में लगे कई तंबू गिर गए, जिसमें कुछ की मौत हो गई, तो कुछ अन्य घायल हो गए। उस दिन शिवराज अपनी शादी की सालगिरह उमरिया जिले के बाँधवगढ़ में मना रहे थे। आँधी-तूफ़ान की ख़बर सुनकर वे बैचेन हो उठे और रात में ही वहाँ से चल पड़े। पहले वे सड़क मार्ग से बाँधवगढ़ से उमरिया और वहाँ से जबलपुर पहुँचे। जबलपुर हवाईपट्टी पर प्लेन खड़ा था, जहाँ से वे इंदौर पहुँचे और फिर सड़क मार्ग से इंदौर से उज्जैन, जहाँ वे अल सुबह घायलों को अस्पताल में जाकर चाय पिला रहे थे और दोपहर में सीढ़ियों पर चढ़कर अखाड़ों के तंबू ठीक कर रहे थे।

शिवराज ने 14 दिसंबर 2013 को एक बार फिर उसी जंबूरी मैदान में मुख्यमंत्री पद की शपथ ली, जहाँ उन्होंने पाँच साल पहले ली थी। बीजेपी की लगातार तीसरी बार सरकार बनी और शिवराज सिंह भी लगातार तीन बार मुख्यमंत्री बने। इस बार उनके शपथ ग्रहण समारोह में गुजरात के तत्कालीन मुख्यमंत्री नरेंद्र मोदी भी आए, जो 2014 में देश के प्रधानमंत्री बने। 2013 के विधानसभा चुनाव 2014 के लोकसभा चुनाव की छाया में हुए। देश में बदलाव की लहर उठने लगी थी और मोदी मज़बूत नेता के रूप में बीजेपी पर छा रहे थे। चैनलों के ओपिनियन पोल प्रदेश में भारी बहुमत से बीजेपी सरकार की वापसी का दावा कर रहे थे।

तो शिवराज को इस भारी जीत का भरोसा नहीं होता था, मगर बीजेपी ने 165 सीटें पा लीं और काँग्रेस 71 सीटों से सिमटकर 58 पर रह गई। जब तक मोदी प्रधानमंत्री नहीं बन गए, तब तक शिवराज तीसरी बार बीजेपी को लगातार मिली ज़्यादा सीटों को अपनी विजय मानते रहे, जबकि इस समय तक देश में मोदी को प्रधानमंत्री बनाने की लहर चलने लगी थी। मगर मोदी के पीएम बनते ही उनके सुर बदल गए और वे दिल्ली में आडवाणी खेमा छोड़ मोदी-अमित शाह के आगे नतमस्तक होने लगे, हालाँकि इन सालों में

शिवराज ने बीजेपी को जीत तो दिलाई, जिससे प्रदेश का संगठन पूरी तरह शिवराजमय हो गया, लेकिन इसका परिणाम यह हुआ कि प्रदेश में बीजेपी के नेताओं की नई पौध बेहतर तरीक़े से नहीं उभर पाई। शिवराज सिंह के सारे हमउम्र नेता या तो दिल्ली चले गए या किनारे हो गए, हालाँकि इसके बीच में शिवराज ने लगातार उपचुनाव जिताकर बीजेपी आलाकमान को खुश रखा।

## चुनाव जिताऊ शिवराज

बीजेपी के चौदह साल के शासन में 27 विधानसभा उपचुनाव हुए, जिनमें से बीजेपी ने 16 तो काँग्रेस ने 9 जीते, एक बार सपा जीती। इतना ही नहीं तक़रीबन सारे स्थानीय निकायों पर भी बीजेपी का ही क़ब्ज़ा रहा। सोलह में से चौदह नगर निगम और 98 में से 60 नगर पालिका, नगर परिषद भी बीजेपी के पास ही रहे, यानी बीजेपी के संगठन ने काँग्रेस के लिए जगह ही नहीं छोड़ी थी। पिछले विधानसभा चुनावों में बीजेपी और काँग्रेस के बीच वोटों का अंतर भी तक़रीबन नौ प्रतिशत का रहा, जो कि दूसरी पार्टी की साँस फुलाने के लिए काफ़ी था। इन सालों में शिवराज की सक्रियता का जादू चला। मुख्यमंत्री शिवराज सिंह का ओलावृष्टि, अतिवृष्टि या सूखे से फ़सलों के नुक़सान पर किसानों के खेतों में पहुँच जाना, जहाँ बाढ़ हो रही है, वहाँ किसी भी तरह चले जाना, शहीद जवानों के गाँवों में जाकर उनकी अंत्येष्टि में शामिल होना आदि ये कुछ ऐसे काम हैं, जो पहले कभी किसी मुख्यमंत्री ने नहीं किए। इसके अलावा ग़रीब किसानों के लिए खेती के नियम बदलवाना, किसान की प्याज कोई न खरीदे, तो सरकार खरीदे और बाद में सड़ा कर बेच देना, किसानों को फ़सल की ज़्यादा क़ीमत दिलवाना, ग़रीबी रेखा से नीचे वालों को सस्ता राशन दिलाना, शहरी ग़रीबों को मकान के सपने दिखाना, युवा विद्यार्थियों को अंबानी, टाटा और बिड़ला बनने के सपने दिखाना, हर रोज़ सरकारी योजनाओं के नाम पर अख़बारों में अपने फ़ोटो वाले बड़े-बड़े विज्ञापन छपवाना, चैनलों पर प्रदेश सरकार के विकास की फ़िल्में बनवाकर चलवाना, मीडिया मालिकों के साथ-साथ पत्रकारों से मधुर संबंध रखना शिवराज सिंह को बहुत अच्छे से आता है, इसलिए उनके ख़िलाफ़ ख़बरें तभी छपती थीं, जब हालात सँभलना मुश्किल हो जाता था।

## विपरीत धारा के तैराक शिवराज

डंपर कांड और व्यापम घोटाले में शिवराज सरकार की छवि बेहद ख़राब हुई, मगर क़िस्मत के धनी शिवराज सारी मुसीबतों से उबरे। वैसे भी नर्मदा किनारे के गाँव जैत के रहने वाले शिवराज को मुसीबत में तैरना बेहतर आता रहा है। तेरह सालों में शिवराज ने रिश्ता बनाया जनता से और एक नया वोट बैंक बनाया, जो उनके नाम पर वोट देता रहा। इस वोट बैंक में बुजुर्ग और महिलाएँ रहीं, जिनमें शिवराज का जादू सर चढ़कर बोलता रहा। मगर 2018 के चुनावों में शिवराज का जादू वैसा नहीं चला, जैसा बीजेपी और शिवराज सिंह सोच कर बैठे थे, क्योंकि इस बार मोदी लहर का भी वैसा साथ नहीं मिला, जैसा 2013 के विधानसभा चुनावों में मिला था। वैसे भी शिवराज सिंह मुख्यमंत्री के रूप में अपने चार उपचुनाव लगातार हारे। बीजेपी चित्रकूट, अटेर, कोलारस और मुंगावली उपचुनाव लगातार कुछ समय के अंतर से हारी। सरकार की सारी ताक़त लगाने के बावजूद उपचुनावों की इन हारों ने हवा का रुख बता दिया था।

# 3

# पंद्रह साल काँग्रेस ख़स्ताहाल

पिछले पंद्रह साल मध्यप्रदेश में काँग्रेस की बर्बादी के साल रहे हैं। देखते ही देखते सत्ता से हटने के बाद अच्छा ख़ासा काँग्रेस संगठन निष्क्रिय और प्रभावहीन हो गया। आलम यह रहा कि 2018 चुनाव के पहले बीजेपी के नेता मज़ाक़ में पत्रकारों से कहते थे कि मध्यप्रदेश में है कहाँ काँग्रेस, आपको दिखे तो बताना। दरअसल, जब तक दस साल दिग्विजय सिंह प्रदेश में मुख्यमंत्री रहे, तो उन्होंने अपनी मर्ज़ी से संगठन चलाया। उन दिनों काँग्रेस संगठन, सत्ता का पिछलग्गू बन गया था। राधाकिशन मालवीय 2000 से 2003 तक प्रदेश अध्यक्ष रहे, मगर रबर स्टैम्प बन कर। दिग्गी राजा की हाँ में हाँ मिलाने तक ही उनका काम था, फिर 2003 में काँग्रेस के बुरी तरह से चुनाव हार कर सरकार गँवाने के बाद पूर्व मुख्यमंत्री दिग्विजय सिंह की एक अजीबोग़रीब क़सम का ख़ामियाज़ा भी पार्टी को उठाना पड़ा। दिग्विजय सिंह अपने कार्यकाल के आख़िरी दिनों में बेहद अलोकप्रिय होने लगे थे और आलाकमान पर दबाव आने लगा था कि उनको बदला जाए, वरना हार तय है, मगर दिग्गी राजा ने चुनाव के पहले आलाकमान को अपने भरोसे में ले लिया था। उनका दावा था कि मध्यप्रदेश में काँग्रेस पार्टी की सरकार वापस बन रही है और यदि नहीं बनी, तो वे अगले दस साल तक कोई पद नहीं लेंगे, काँग्रेस की करारी हार हुई और दिग्गज नेता दिग्विजय सिंह ने दस साल तक चुनावी राजनीति से दूरी बना ली।

# उमा की आँधी में उड़ गई काँग्रेस

2003 में काँग्रेस उमा भारती की आँधी में बुरी तरह उखड़ गई। 1998 के चुनावों में संयुक्त मध्यप्रदेश की 320 सीटों में से 172 सीटें पाने वाली काँग्रेस 230 सीटों की विधानसभा में 38 पर सिमट कर रह गई। ऐसी करारी हार मध्यप्रदेश में काँग्रेस को कभी नहीं मिली थी। नतीजा यह रहा कि दिग्विजय सिंह ने हार की ज़िम्मेदारी ओढ़ी और अगले दस साल तक मध्यप्रदेश में काँग्रेस संगठन से दूर हो गए। काँग्रेस में क्या और कैसा चल रहा है, इस पर उन्होंने ध्यान नहीं दिया। इसकी एक वजह यह भी रही कि दिग्विजय सिंह की सरकार में उपमुख्यमंत्री रहे उनके विरोधी सुभाष यादव 2003 से 2005 तक तक़रीबन दो साल छह महीने प्रदेश काँग्रेस के अध्यक्ष थे। दिग्गी राजा और सुभाष भाई की प्रतिद्वंद्विता जगज़ाहिर थी। दिग्विजय सिंह के समय संगठन पर हावी रहे लोगों की छुट्टी कर दी गई और सुभाष यादव ने अपने तरीक़े से संगठन चलाना चाहा, मगर मध्यप्रदेश में काँग्रेस पार्टी कार्यकर्ताओं की नहीं, नेताओं की पार्टी मानी जाती है। यहाँ कार्यकर्ता पार्टी से नहीं, अपने-अपने नेताओं से जुड़े होते हैं। उन दिनों सबसे बड़ा गुट बघेलखंड के नेता अर्जुन सिंह का रहा, जिसे उनकी बीमारी के दौरान विधायक बेटे अजय सिंह नेतृत्व देते रहे। माधवराव सिंधिया का अलग गुट रहा, जिसमें ग्वालियर-चंबल के लोग रहते थे।

सिंधिया की 2001 में हुई दुखद मौत के बाद उनके गुट के सारे लोग बेटे ज्योतिरादित्य सिंधिया के पीछे खड़े हो गए। छिंदवाड़ा से लंबे समय से सांसद और गाँधी परिवार से जुड़े कमलनाथ का अपना महाकौशल इलाक़े के कार्यकर्ताओं का बड़ा गुट है। इन बड़े नेताओं के अलावा सुभाष यादव और सुरेश पचौरी के अपने-अपने छोटे गुट भी रहे, मगर सबसे बड़ा गुट दिग्विजय सिंह का ही है, जिसमें पूरे प्रदेश से लोग शामिल हैं। दस साल तक प्रदेश के मुख्यमंत्री रहने के कारण हर जिले में उनके समर्थक और चाहने वाले हैं। गुटबाजी के इस भारी माहौल में सबसे बुरा हाल होता है प्रदेश काँग्रेस के अध्यक्ष का, जिसे हर गुट के नेता की खुशामद करनी पड़ती है। प्रदेश अध्यक्ष को अलग-अलग गुटों के लोग अपना नेता नहीं मानते। सुभाष यादव अध्यक्ष पद का पहला कार्यकाल पूरा करने के बाद फिर 2005 से 2008 तक प्रदेश काँग्रेस के अध्यक्ष बने, मगर उनके ये दोनों कार्यकाल प्रदेश काँग्रेस के बाक़ी नेताओं के असहयोग को झेलते हुए कटे।

## प्रदेश काँग्रेस अध्यक्ष सुरेश पचौरी

काँग्रेस के नेता ही चाहते थे कि सुभाष भाई असफल हो जाएँ, तब आलाकमान ने 2008 के विधानसभा चुनाव के पहले दिल्ली में सोनिया परिवार को ही सब कुछ मान कर राजनीति करने वाले भोपाल के नेता और राज्यसभा में सांसद और यूपीए सरकार में मंत्री रहे सुरेश पचौरी को प्रदेश काँग्रेस अध्यक्ष बनाकर भेजा और चाहा कि प्रदेश संगठन की तसवीर और प्रदेश में काँग्रेस की तक़दीर बदले। भोपाल के रहने वाले और एमएसीटी कॉलेज से इंजीनियरिंग पढ़े पचौरी के लिए ज़िंदगी में पहली बार बड़ी चुनौती आई थी, जिसे उन्होंने बहादुरी से पूरा करने की कोशिश की, हालाँकि इससे पहले वे 1999 में एक बार भोपाल संसदीय सीट पर उमा भारती से लोकसभा का चुनाव हार चुके थे। पचौरी ने सबसे पहले इंदिरा भवन यानी भोपाल में काँग्रेस पार्टी के दफ़्तर में रंग-रोगन कराकर उसे काम लायक़ बनाया। इस तीन मंज़िला भवन के कर्मचारियों को वेतन के लाले थे और हालत ख़राब थी, तब पचौरी ने इसे विशाल भवन को व्यवस्थित किया। तीसरी मंज़िल का प्रदेश अध्यक्ष के बैठने का कमरा चमकाया और अध्यक्ष की कुर्सी के पीछे सोनिया गाँधी, राजीव गाँधी और राहुल गाँधी की तसवीर लगाई। पचौरी ने प्रदेश के बड़े नेताओं को साधने के चक्कर में ऐसी बड़ी ग़लती शुरुआत में ही कर दी, जिसे लंबे समय तक याद रखा जाएगा। अध्यक्ष बनने के बाद पचौरी ने पार्टी का पहला बड़ा कार्यक्रम भोपाल में नहीं रख कर कमलनाथ के छिंदवाड़ा में रख लिया। बस फिर क्या था, पार्टी के दूसरे गुट के नेताओं और उनके समर्थकों ने इस कार्यक्रम से कन्नी काट कर उसकी हवा निकाल दी और रही सही कसर छिंदवाड़ा में कमलनाथ समर्थकों ने मंच से सरकार बनने पर कमलनाथ को मुख्यमंत्री बनाने की माँग करके पूरी कर दी। पचौरी क्या करते, मन मसोस कर रह गए, क्योंकि पार्टी का प्रदेश अध्यक्ष ही पार्टी की सरकार बनने पर मुख्यमंत्री होता है, यह मानकर चला जाता है। पचौरी ने कोशिश की कि प्रदेश सरकार के ख़िलाफ़ धरने-प्रदर्शनों का जो सिलसिला प्रदेश से तक़रीबन ग़ायब ही हो गया था, उसे फिर शुरू किया जाए। ऐसे ही एक धरने के दौरान सुरेश पचौरी ट्रैक्टर पर बैठकर विधानसभा का घेराव करने जा रहे थे, मगर उसी दौरान हुई भागादौड़ी में उनकी पसलियों में गहरी चोट लग गई और उनको धरने की जगह से सीधे अस्पताल में भर्ती होना पड़ा।

## पचौरी की जंबो कार्यकारिणी

विधानसभा चुनावों के कुछ महीने पहले पचौरी ने सभी गुटों को साधते हुए अपनी लंबी-चौड़ी कार्यकारिणी भी बनाई। सोचा था कि ये सारे सदस्य मिलकर बीजेपी की सरकार को उखाड़ फेंकेंगे, मगर कार्यकारिणी के अधिकतर सदस्य पदाधिकारी बनने के बाद विजिटिंग कार्ड और लैटरहेड छपवा कर ही रह गए। शायद उनको अपने आका से पचौरी को समर्थन देने का सिग्नल नहीं मिला था। चुनाव के पहले पचौरी ने बड़ी मेहनत से प्रत्याशियों की सूची निकाली, मगर उनमें पहली सूची के बाद की सूचियाँ गड़बड़ी और मतभेद का शिकार रहीं। यही वजह रही कि उन सूचियों के अधिकतर प्रत्याशी बुरी तरह हारे, हालाँकि पचौरी अपने विश्वासपात्रों के सामने कह चुके थे कि चुनाव को लेकर सारे बड़े फ़ैसले और प्रत्याशियों के वे सारे नाम बड़े नेताओं की सहमति से ही तय हुए थे, इसके लिए उन अकेले को ज़िम्मेदार ठहराना सही नहीं है, मगर जैसा कि होता है काँग्रेस की विधानसभा चुनावों में हार के लिए उन अकेले को ही बलि का बकरा बनाया गया। 2008 के विधानसभा चुनावों में काँग्रेस ने अपनी सीटें 38 से बढ़ाकर 71 तो कर ली, मगर 143 सीटों के साथ बीजेपी को सरकार बनाने से नहीं रोक पाई।

## राहुल की पचौरी को नसीहत

चुनाव परिणामों के बाद जब काँग्रेस उपाध्यक्ष राहुल गाँधी भोपाल आए, तो उनके सामने पचौरी ने 38 से 71 सीटें करने पर वाह-वाही लेनी चाही, तो राहुल ने सबके सामने उनको समझाया कि क्रिकेट में एक रन से हुई हार भी हार ही होती है। इसलिए आप स्वीकार करें कि विचारधारा से काँग्रेसी राज्य मध्यप्रदेश में सरकार बन नहीं सकी। पचौरी फिर राहुल के इस जवाब पर मन मसोस कर रह गए, मगर पचौरी की गाँधी परिवार से क़रीबी ही उनकी दुश्मन बन गई थी। प्रदेश के बड़े नेताओं को लगा कि यदि काँग्रेस की सरकार बनी, तो पचौरी प्रदेश के मुख्यमंत्री होंगे।

दिलचस्प बात यह है कि पचौरीजी कई दफ़ा जाने-अनजाने में ऐसा कुछ कह कर यह अहसास करा भी देते थे कि कुछ महीनों बाद वे ही प्रदेश के मुख्यमंत्री बनने वाले हैं, मगर आँकड़े बताते हैं कि पिछले पंद्रह सालों में 2008 का चुनाव सबसे क़रीबी रहा, जब काँग्रेस ने कुल वोटों के 32.5

फ़ीसदी वोट पाए, जबकि सत्ता पाने वाली बीजेपी के वोट थे 37.7 फ़ीसदी, यानी पिछले चुनाव में बीजेपी, काँग्रेस के वोटों के प्रतिशत के बीच ग्यारह फ़ीसदी के अंतर को वे घटाकर पाँच फ़ीसदी ले आए। क़रीबी मुक़ाबले में काँग्रेस की सरकार बनते-बनते रह गई और पचौरीजी मन मसोस कर रह गए।

## कांतिलाल भूरिया का दौर

सुरेश पचौरी ने हार के बाद प्रदेश अध्यक्ष पद से इस्तीफ़ा दे दिया और फिर काँग्रेस संगठन में जान फूँकने की ज़िम्मेदारी दिग्विजय सिंह पर आई। इस बार दिग्विजय सिंह खुल कर सामने नहीं आए, मगर अपने गुट के कांतिलाल भूरिया को प्रदेश काँग्रेस अध्यक्ष बना दिया। 2011 में अध्यक्ष बनने के दौरान भूरिया यूपीए सरकार में मंत्री भी थे, और उनको यहाँ की सरकार के ख़िलाफ़ मोर्चे भी खोलने थे। अध्यक्ष बनने के बाद भूरिया पहली बार भोपाल में कार्यभार सँभालने आए, तो एयरपोर्ट से काँग्रेस दफ़्तर तक कार्यकर्ताओं का बड़ा जुलूस निकला, जिसमें एक खुली गाड़ी में भूरिया, कमलनाथ और सिंधिया तथा अन्य के साथ खड़े थे, मगर लोगों की निगाहें असली अध्यक्ष को खोज रही थीं। दिग्विजय सिंह इसी खुली गाड़ी में पीछे की तरफ़ नीचे बैठ कर अपने मोबाइल में व्यस्त थे। दिग्गी राजा जानते थे कि कब उनको सामने आना है और कब छिप कर बैठना है। भूरिया के तक़रीबन तीन साल का कार्यकाल भी काँग्रेस का अंधकार काल ही रहा। लंबी-चौड़ी कार्यकारिणी उन्होंने भी बनाई, मगर एक भी बैठक ऐसी नहीं कर पाए, जिसमें काँग्रेस के सारे बड़े नेता एक साथ मौजूद हों। देखते ही देखते 2013 का चुनाव आ गया और पूरी पार्टी टिकट के बँटवारे में जुट गई। इन सालों में जहाँ एक ओर काँग्रेस अपने नेताओं को फेंटने और एकजुटकर होकर चुनाव लड़ने की अपील करने में व्यस्त रही, वहीं उसी दरम्यान बीजेपी ने अपने संगठन को मज़बूत किया। शिवराज सिंह ने अपनी सक्रियता से आम आदमी के बीच के मुख्यमंत्री की सहज और सरल छवि गढ़ ली। काँग्रेस सोचती ही रह गई, क्या करें और क्या न करें। भूरिया अपनी बढ़ती उम्र और सीमित क्षमताओं के कारण प्रभावहीन अध्यक्ष रहे। भूरिया की आड़ में काँग्रेस के सारे नेताओं ने अपनी मनमानी की और अपने समर्थकों को जमकर टिकट दिए।

भूरिया देखते ही रह गए और बीजेपी ने 2013 में फिर शान से सरकार बनाई। बीजेपी ने 165 सीटें पाईं और काँग्रेस घटकर 58 पर रह गई। बीजेपी ने अपना मत प्रतिशत पिछले चुनाव से आठ प्रतिशत बढ़ाकर 45 प्रतिशत कर लिया, तो काँग्रेस को मिले वोटों का प्रतिशत 36 ही रहा, यानी मतों का अंतर भी चार से बढ़कर तक़रीबन दस प्रतिशत तक पहुँच गया। आख़िरकार दो साल ग्यारह महीने अध्यक्ष रहने के बाद भूरिया की प्रदेश अध्यक्ष पद से विदाई हो गई। भूरिया का वक़्त ख़राब चल रहा था, तभी वे अगले साल 2014 में हुए लोकसभा चुनाव में अपनी परंपरागत झाबुआ-रतलाम सीट से चुनाव भी हार गए।

## अब आई अरुण की बारी

2013 के चुनाव के बाद तो मध्यप्रदेश में काँग्रेस लगातार तीन चुनाव हार कर फिर लुटी-पिटी चौराहे पर खड़ी थी, जिसे समझ नहीं आ रहा था कि अब क्या करे और कहाँ जाए। कैसे जनता के बीच जाया जाए और कैसे मतदाताओं में पैठ बढ़ाई जाए, क्योंकि इस दरम्यान बीजेपी लगातार विधानसभा, लोकसभा और बीच में होने वाले उपचुनाव जीतकर तक़रीबन चुनाव जीतने की मशीन में बदल गई थी। बीजेपी की कट्टर विचारधारा और सरकार चलाने का उदार तरीक़ा जनता और प्रशासन दोनों के मनमाफ़िक़ था, ऐसे में काँग्रेस की सत्ता में वापसी हिमालय की खड़ी उँचाई चढ़ने के समान थी। काँग्रेस को अब फिर पाँच साल बाद चुनाव लड़ना है, ऐसे में बिखरे संगठन को एकजुट कर चुनाव के मैदान में उतारने के लिए पार्टी ने भरोसा किया युवा नेता अरुण यादव पर। अरुण दो बार के सांसद और केंद्रीय मंत्री भी रहे हैं। इसके अलावा वे काँग्रेस के कद्दावर नेता सुभाष यादव के बेटे भी हैं। पहली बार प्रदेश की राजनीति में खुलकर सामने आने वाले अरुण यादव को अपने पिता के समर्थकों से उम्मीद तो थी ही, मगर बड़ी चुनौती प्रदेश के बड़े नेताओं को एकजुट कर एक मंच पर लाकर बैठाने की थी, हालाँकि ज्योतिरादित्य सिंधिया को छोड़ दें, तो कमलनाथ, दिग्विजय सिंह और सुरेश पचौरी उनके पिता के साथ के राजनेता रहे हैं, इसलिए वे इनको अंकल भी बोलते थे, मगर इन चाचाओं ने भी भतीजे को कम नहीं सताया।

## काँग्रेस की बैठक में कौन नहीं आया

अरुण यादव की संगठन की बैठकों में यही ख़बर निकलती थी कि कौन नहीं आया। कभी कमलनाथ नहीं आते थे, तो कभी सिंधिया दूरी बनाकर रखते थे। दिग्विजय सिंह अक्सर बैठकों में आ जाते थे, और जब इन बड़े नेताओं में कोई भी आ जाता था, तो अरुण यादव की चमक कम हो जाती थी। मीडिया का सारा फ़ोकस बड़े नेता पर रहता था और अरुण अंधेरे में खड़े रह जाते थे। अरुण यादव के सामने संगठन को चलाने के ख़र्चे का भी संकट था, क्योंकि लंबे समय तक सत्ता से दूर रहने के कारण काँग्रेस संगठन के सामने पैसों की परेशानी मुँह बाये खड़ी थी। अरुण ने किसी तरह इस संकट को दूर किया। अरुण यादव वैसे भी शर्मीले क़िस्म के नेता हैं। बहुत ज़्यादा भीड़-भाड़ से वे बचते रहे। शिवराज सरकार को घेरने और काँग्रेस संगठन में जान फूँकने के लिए वे हमेशा प्रयासरत रहे। अरुण यादव ने अमरकंटक से 'जन विश्वास यात्रा' के नाम से प्रदेश के जिलों की पदयात्रा भी शुरू की, मगर संगठन की कुछ दिक़्क़तों और आलाकमान की कुछ अड़चनों के कारण उनकी यह यात्रा ज़्यादा लंबा नहीं चल पाई। वैसे इसी बीच, नेता प्रतिपक्ष अजय सिंह ने भी बुंदेलखंड से 'न्याय यात्रा' निकाली, जिसे आलाकमान ने ज़्यादा चलने नहीं दिया। इस बीच, जनवरी के महीने में एनएसयूआई के एक विरोध प्रदर्शन में शामिल होने पर अरुण यादव को भोपाल में पुलिस ने बेरहमी से इतना मारा कि उनको अस्पताल में भर्ती होना पड़ा, मगर दुखद यह रहा कि अस्पताल में भर्ती प्रदेश काँग्रेस के अध्यक्ष को देखने दिल्ली से सिर्फ़ विवेक तन्खा ही आए। बाक़ी का कोई नेता उनसे मिलने नहीं आया।

## कमलनाथ, सिंधिया मिनी बस की छत पर

इस घटना के बाद अरुण यादव को लेकर प्रदेश के बड़े नेताओं में सहानुभूति उमड़ी और अगले महीने 23 फ़रवरी 2017 को अरुण ने काँग्रेस के सारे नेताओं को इकट्ठा कर भोपाल में बीजेपी सरकार के ख़िलाफ़ बड़ा प्रदर्शन करवा ही दिया, जिसमें सिंधिया और कमलनाथ ने मिनी बस की छत पर बैठकर गिरफ़्तारियाँ दीं। तेरह साल बाद यह पहला बड़ा मौक़ा था, जब काँग्रेस के सारे बड़े नेता एकसाथ एकजुट होकर बीजेपी सरकार के ख़िलाफ़ सड़कों पर उतरे थे। अरुण के खाते में यह बड़ी उपलब्धि आई। मगर अरुण

और उनके समर्थक मान कर चल रहे थे कि अगला चुनाव उनकी अगुआई में पार्टी नहीं लड़ेगी। चुनाव के वक़्त काँग्रेस की टीम का कप्तान कोई और ही होगा और यही हुआ। लंबे समय की क़यासबाजी और थोड़ी-बहुत खींचातानी के बाद काँग्रेस सांसद कमलनाथ को प्रदेश काँग्रेस का अध्यक्ष बनाया। प्रदेश के दूसरे बड़े नेता ज्योतिरादित्य सिंधिया को पार्टी ने चुनाव अभियान समिति का अध्यक्ष बनाकर उनका मान रखने की कोशिश की।

एक मई को भरी दोपहरी में कमलनाथ ने एयरपोर्ट से काँग्रेस दफ़्तर तक कई किलोमीटर लंबा भव्य जुलूस निकाला, जिसमें प्रदेशभर से बुलाए लोगों ने जगह-जगह कमलनाथ का स्वागत किया। भरी दोपहरी में पूरे रास्ते कमलनाथ के बगल में खुली गाड़ी में सिंधिया खड़े रहे और वक़्त-वक़्त पर कमलनाथ को नारियल पानी पिलाते रहे। जब यह जुलूस पीसीसी पहुँचा, तो उसके बाहर एक बड़ी सभा हुई, जिसमें पूर्व अध्यक्ष अरुण यादव ने इन शब्दों में अपना दर्द बयाँ किया था, "हम किसान हैं, हमने सूखे खेत पर हल चलाया, फ़सल उगाई और अब नए लोग फ़सल काटने आ गए।" अरुण की तात्कालिक नाराज़गी के बाद भी कमलनाथ ने अरुण यादव के कार्यकाल में रखे गए प्रवक्ताओं और संगठन के लोगों को किनारे कर दिया। आलाकमान ने कमलनाथ का चयन उनके अनुभव, राजनीतिक समझ और भारी संसाधनों को देखते हुए किया था, और आने वाले वक़्त में कमलनाथ ने अपने चयन को सही साबित किया, लेकिन कैसे? यह आप आगे के अध्याय में देखेंगे।

4

# बीजेपी का ख़र्चीला चुनाव अभियान

भोपाल के बीजेपी दफ़्तर से लगी बिल्डिंग की दूसरी मंज़िल के कमरे में 10 नवंबर 2017 को ही दो पंडितों, प्रदेश बीजेपी के अध्यक्ष नंदकुमार चौहान और मुख्यमंत्री शिवराज सिंह चौहान की उपस्थिति में चुनाव प्रबंधन कार्यालय का पूजा-पाठ कर शुभारंभ कर दिया गया था। शिवराज ने बाहर निकल कर ख़ुशी से चहकते हुए कहा, "विधानसभा चुनाव के लिए पूरे एक साल बचे हैं। हमने तैयारी शुरू कर दी है। आठ महीने प्रचार और बाक़ी के चार महीने सघन प्रचार करेंगे, जिससे चौथी बार आएगी बीजेपी की सरकार।" तो यह था बीजेपी की चुनावी तैयारी का स्तर। इसके पहले बीजेपी ने तीन चुनाव 2003, 2008 और 2013 में ऐसी ही तैयारियों से शुरू किए थे। 2003 में उमा भारती के आने पर भोपाल लिंक रोड नंबर वन पर एक बड़े नेता के बंगले के बाहर बने कमरे को *जावली* नाम देकर वहाँ से चुनाव प्रबंधन किया गया था और जीत हासिल की गई थी। इसके बाद तो *जावली* में काम करने वाली टीम ने बाद के सारे चुनाव लड़ाए और प्रदेश बीजेपी की राजनीति में अपना कद और पद बढ़ाया। अनिल दवे *जावली* टीम के लीडर थे, जो बाद में राज्यसभा सदस्य होते हुए केंद्रीय मंत्री बने। 2018 में फिर इसी टीम पर लगातार जीत का परचम लहराने की चुनौती थी, पर शिवराज और बीजेपी का संगठन मानकर चल रहा था कि सरकार तो वापस आ रही है, भले ही कुछ सीटें कम हो जाएँ, क्योंकि चुनौती देने वाला विपक्ष सामने दिख ही नहीं रहा था।

# फिर वोट माँगने की चुनौती

2018 के चुनाव के लिए जब बीजेपी के रणनीतिकार चुनाव प्रचार अभियान तैयार करने बैठे, तो सबसे बड़ी परेशानी यह उभर कर सामने आई कि जनता से चौथी बार पार्टी को वोट देने के लिए क्या कहा जाए और कैसे कहा जाए। विपक्ष के पास कहने को बहुत कुछ होता है, मगर सरकार के पास सिर्फ़ सरकारी कामों का गुणगान करने के अलावा कुछ नहीं होता, उस पर सरकारी योजनाओं का पूरे साल प्रचार होता रहता है, तो उनमें कुछ नयापन नहीं बचता। चुनाव के मौक़ों पर जनता फिर क्यों वही पुराना राग सुनेगी। जनता को कौन सा नया संगीत और नई धुन सुनाई जाए कि वह फिर बीजेपी की हो जाए। कई बैठकों में इस बात पर सब एकमत थे कि चुनाव प्रचार अभियान आक्रामक हो, मगर सरकारी ज़रा भी न दिखे। चुनावी मुद्दों की खोज के लिए जनता के बीच सर्वे पहले ही कर लिए गए थे जनता के मन की थाह लेने के लिए। चुनावी साल में सरकार से जुड़ी कई कंपनियों ने पाँच से छह बार सर्वे किए। कुछ सर्वे प्रदेश बीजेपी से हुए, तो कुछ दिल्ली में बैठे आलाकमान ने कराए। सरकारी आईबी यानी इंटेलिजेंस का सर्वे तो था ही।

इन सर्वे से ही सामने आया कि ढेर सारे सांसद, बहुत से विधायक और नगर निगम, नगर पालिका और नगर परिषदों में बीजेपी पार्षदों की भरमार होना ही चुनाव के समय पार्टी के लिए भार साबित होगा। प्रदेश की जनता मुख्यमंत्री शिवराज से कम, अपने सांसद, विधायक, मेयर और पार्षद से ज़्यादा नाराज़ थी और उनको विधानसभा चुनावों में सबक़ सिखाना चाहती थी। चुनाव प्रचार रणनीतिकारों के सामने दोहरी चुनौती थी कि कैसे स्थानीय जनप्रतिनिधियों को लेकर जनता की नाराज़गी को दूर करें और पार्टी कार्यकर्ता को क्या मंत्र और मुद्दे दें, जिसे लेकर वे जनता के सामने जाएँ। आमतौर पर ऐसे मौक़ों पर केंद्र और राज्य सरकार की उपलब्धियों को ही जनता के बीच ले जाने का रटा-रटाया उत्तर दिया जाता है, मगर इस बार केंद्र की नीतियाँ भी काम नहीं आने वाली थीं। जनता में मोदी सरकार की नीतियों को लेकर विरोध ज़्यादा था। नोटबंदी, जीएसटी और एट्रोसिटी एक्ट में तब्दीली लोगों की नाराज़गी के बड़े कारण थे।

## पब्लिक को प्रचार से जोड़ने की मुहिम

ऐसे में चुनाव रणनीतिकार पार्टी के प्रचार को जनता से जोड़ने के लिए उसे पब्लिक मोड पर ले जाना चाहते थे, जिससे जनता बीजेपी सरकार से जुड़े और अपना मानकर वोट करे। इसलिए चुनाव प्रचार के पहले दौर में बीजेपी ने पंद्रह साल पुरानी काँग्रेस सरकार के नाम पर लोगों को डराना शुरू किया। मक़सद यह था कि लोग जानें कि यदि काँग्रेस आती है, तो क्या करेगी। पंद्रह साल पहले काँग्रेस की सरकार में क्या हुआ था, बिजली, पानी और सड़कों की दुर्दशा को फिर अख़बारों में विज्ञापनों की मदद से याद दिलाया गया। प्रचार विज्ञापनों के दूसरे दौर में बड़े पैमाने पर समृद्ध मध्यप्रदेश का अभियान शुरू किया गया, जिसमें जनता से ही प्रदेश को समृद्ध बनाने के लिए सुझाव माँगे गए। इसके लिए 21 अक्टूबर 2018 को डिजीटल स्क्रीन वाले तक़रीबन पचास मिनी ट्रक बीजेपी दफ़्तर से सीएम शिवराज सिंह ने अपने कई मंत्रियों की मौजूदगी में बड़े से रैंप पर चढ़कर हरी झंडियाँ दिखाकर रवाना किए। इन ट्रकों में टैब पर लिखकर और काग़ज़ क़लम से और वाट्सअप से सरकार को सुझाव देने की सुविधा थी। *मेरा सुझाव, मेरा चुनाव* के स्लोगन के साथ स्क्रीन पर फ़िल्में चलती थीं, जिनमें सुझाव भेजने को कहा जाता था। दावा किया गया कि ये ट्रक पूरे प्रदेश में घूमे और पहले ही दिन तेरह हज़ार फ़ोन कॉल्स, चार हज़ार चौंसठ वाट्सअप मैसेज और मेल पर 617 सुझाव या आइडिया आए प्रदेश को समृद्ध बनाने के लिए। बीजेपी के चुनाव रणनीतिकारों को लगा कि उनकी यह योजना चुनावों में गेम चेंजर साबित होगी।

लोगों की सरकार से शिकायतें सुनने के बजाय उनसे ही सुझाव माँग लिया जाए, तो आलोचना भी सकारात्मक तरीक़े से सुझाव में बदल जाएगी। मगर काँग्रेस ने इस योजना की चुनाव आयोग में जमकर शिकायत की, जिससे बीजेपी इस अभियान को लेकर बचाव की मुद्रा में भी आ गई। इस भव्य और ख़र्चीली योजना की आलोचना भी ख़ूब हुई। कहा गया कि कई शहरों में जाकर ट्रक खड़े रहे, तो कुछ काम ही नहीं किया। शिवराज सिंह अपने तेरह साल में जनता को स्वर्णिम मध्यप्रदेश का सपना दिखाते रहे, मगर अचानक समृद्ध मध्यप्रदेश की पटरी बदलने पर जानकार हैरान भी हो गए। जनता के पास जाकर शिकायत सुनने की जगह सुझाव माँगने की यह योजना ज़्यादा प्रभावी नहीं रही। वैसे अभियान से जुड़े लोगों का

मानना था कि यह अच्छा अभियान बन सकता था, मगर इसे बुरे तरीक़े से आधे-अधूरे मन से संगठन ने लागू किया, इसलिए इसकी चमक खो गई। तब फिर जनता से सुझाव माँगने के बाद बीजेपी ने प्रचार का तीसरा अभियान शुरू किया, जिसमें काँग्रेस के नेताओं पर हमले शुरू किए *माफ़ करो महाराज हमारा नेता शिवराज* की टैग लाइन के साथ। अख़बार और रेडियो में यह जिंगल ख़ूब बजवाया गया *माफ़ करो महाराज हमारा नेता शिवराज*। काँग्रेस ने ज्योतिरादित्य सिंधिया को चुनाव अभियान समिति का अध्यक्ष बनाया था और वे काँग्रेस के प्रचार के प्रमुख चेहरे थे, इसलिए बीजेपी ने इस विज्ञापन की मदद से उनको निशाने पर लिया, हालाँकि बीजेपी के रणनीतिकार इससे घबराए भी कि कहीं पार्टी बेवजह सिंधिया को भाव तो नहीं दे रही, मगर *माफ़ करो महाराज* ने माहौल गरमा दिया।

## मामा शिवराज की 'कमल' बहनें

बीजेपी का चुनाव अभियान मुख्यमंत्री शिवराज सिंह को केंद्र में रखकर ही था। पार्टी यह भी जानती थी कि तेरह सालों में शिवराज ने अपना एक अलग वोट बैंक बना लिया है। शिवराज की ग़रीबों, किसानों, युवा छात्र-छात्राओं और महिलाओं में बेहतर छवि है। इसी को ध्यान में रखकर महिलाओं को बीजेपी से जोड़ने के लिए *कमल शक्ति* अभियान चलाया गया। मक़सद था कि बीजेपी की महिला कार्यकर्ता घरों के आस-पास की बीस से तीस गैर राजनीतिक महिलाओं को शिवराज सिंह के नाम पर पार्टी से जोड़ें। शिवराज सरकार की महिलाओं से जुड़ी योजनाओं को फैलाएँ। महिलाओं को जोड़ने के लिए एक टोल फ्री नंबर दिया गया, जिस पर महिलाएँ मिस कॉल कर रजिस्ट्रेशन कराएँगी। महिलाओं से अपने-अपने वाट्सअप ग्रुप बनाने और उनमें ज़्यादा से ज़्यादा महिलाएँ जोड़ने को कहा गया। अनुमान लगाया गया कि *कमल शक्ति* से जुड़ी पाँच हज़ार महिलाएँ तक़रीबन ढाई लाख महिलाओं को जोड़ेंगी।

हर विधानसभा सीट पर तीस से पचास महिलाओं का *कमल शक्ति* क्लब बनाने की योजना बनाई गई। इसका पहला कार्यक्रम सीएम हाउस भोपाल में 22 जुलाई को हुआ, जिसमें शिवराज सिंह सैकड़ों महिलाओं के साथ सेल्फी खिंचवाते रहे। ऐसे ही कार्यक्रम संभाग स्तर पर करने की योजना थी, मगर एक-दो संभाग में होने के बाद इस अभियान ने भी दम तोड़

दिया। आधे-अधूरे मन से यह बड़ा अभियान शुरू हुआ था, इसलिए फ्री टोल नंबर कभी चालू ही नहीं हो सका कभी। महिलाओं ने शिवराज के साथ सेल्फी खिंचवाई, मगर दूसरी महिलाओं को जोड़ने की क़वायद नहीं की। ब्रांड शिवराज को युवाओं के बीच लोकप्रिय बनाने के लिए भी *टाउनहॉल* नाम से कार्यक्रम बनाया गया, जिसका पहला बड़ा आयोजन भोपाल के मिंटो हॉल में हुआ। कॉलेज के छात्र-छात्राओं को बड़े पैमाने पर बुलाया गया और मुख्यमंत्री शिवराज ने उनके बीच उद्बोधन दिया, उनको ढेर सारे सपने दिखाए। इस कार्यक्रम का प्रसारण भी पूरे प्रदेश में किया गया। चुनाव के साल में यह तक़रीबन तय हो गया था कि मुख्यमंत्री के सभी बड़े कार्यक्रमों का प्रसारण क्षेत्रीय चैनलों की मदद से प्रदेश में हर ओर किया जाएगा। कुछ जगहों पर तो बड़ी स्क्रीन लगाकर सामने कुर्सियाँ सजाकर भी जनता को मुख्यमंत्री का भाषण सुनाया जाता, मगर शिवराज की अति सक्रियता, अति प्रचार और लंबे-लंबे भाषणों ने प्रभाव छोड़ना कम कर दिया, फिर चाहे वे बीजेपी के कार्यकर्ता हों या फिर आम जनता, सभी को इन भाषणों से ऊब होने लगी। जिलों में ऐसे कार्यक्रमों के प्रसारण के दौरान स्क्रीन के सामने खाली कुर्सियाँ ही दिखने लगीं।

## किसान पुत्र शिवराज किसानों के भरोसे

महिलाओं और युवाओं के अलावा किसानों को भी शिवराज से जोड़ने के लिए *किसान चौपाल* आयोजित हुईं। बीजेपी किसान मोर्चे की तरफ़ से 11 जुलाई को पहली *किसान चौपाल* भोपाल के पास परवलिया में हुई। सरकारी स्कूल में हुए इस आयोजन में आस-पास के किसान आए। इस चौपाल में शिवराज ने किसानों को पहले यह बड़े विस्तार से बताया कि उनकी सरकार ने किसानों की बेहतरी के लिए क्या-क्या नहीं किया है। उसके बाद शिवराज ने किसानों से कहा कि अब यदि फिर सरकार आती है, तो आने वाले पाँच साल में क्या किया जाए, ये किसान ही बताएँ, यानी किसानों से ही आने वाले पाँच सालों के लिए सुझाव माँगे। इस चौपाल को राज्य की सारी चौपालों पर सुनाने और दिखाने का दावा किया गया। प्रदेश की 22 सौ चौपालों तक शिवराज का संदेश ले जाने की योजना बीजेपी के किसान मोर्चे ने बनाई थी, मगर यह योजना भी कुछ दिनों बाद ही बैठ गई।

वजह यह रही कि सारा कुछ शिवराज केंद्रित था और उनकी अति व्यस्तता ने किसी भी अभियान को पूरा वक़्त नहीं दिया। वैसे आप पाएँगे कि बीजेपी के सारे प्रचार अभियान के पीछे यही सोच रही कि जनता की चुनाव में भागीदारी कैसे बढ़ाई जाए, इसके लिए जनता से ही सुझाव माँगे, फिर चाहे महिलाएँ हो, किसान हों या फिर युवा, सभी से कहा गया कि अगले पाँच साल सरकार क्या करे, आप बताएँ, मगर यह लाइन भी जनता को जोड़ नहीं सकी। लोगों के मन में यही भाव आया कि पंद्रह साल बाद भी सरकार अब जनता से ही सरकार चलाने के लिए सुझाव माँग रही है, तो अभी तक किया क्या।

## शिवराज और उनकी अंतहीन यात्रा

बीजेपी के चुनाव अभियान की सबसे ख़ास कड़ी रही मुख्यमंत्री शिवराज सिंह चौहान की *जन आशीर्वाद यात्रा*। पिछले विधानसभा चुनावों में भी *जन आशीर्वाद यात्रा* लेकर निकले थे शिवराज और सरकार बनाई थी, इस सफल नुस्खे को इस चुनाव में फिर आज़माया गया। बीजेपी दफ़्तर में शिवराज और उनकी पत्नी साधना सिंह की मौजूदगी में 13 जुलाई को *जन आशीर्वाद यात्रा* के रथ की पूजा हुई और रथ निकल पड़ा उज्जैन, जहाँ पर अगले दिन बीजेपी अध्यक्ष अमित शाह की उपस्थिति में यात्रा का शुभारंभ होना था। मगर उसी दिन भोपाल में एक फ़्लैट में सिरफिरे आशिक़ ने एक लड़की को बंधक बना लिया और दोपहर बारह बजे से रात के नौ बजे तक बंधक ड्रामा चलता रहा। सारे चैनलों पर नॉनस्टाप उसी का कवरेज़ चलता रहा और बीजेपी के मीडिया मैनेजर रथ यात्रा के रथ की पूजा को किसी भी तरह के चैनलों पर कवरेज़ नहीं मिलने से परेशान हो गए, मगर अगले दिन उज्जैन में अमित शाह के सामने शिवराज सिंह ने काँग्रेस पर कड़े प्रहार किए और अपनी सबसे महत्वाकांक्षी यात्रा की शुरुआत की, जो पूरे चुनाव के क़रीब तक रुक-रुक कर चलती रही। शिवराज ने इस यात्रा में जमकर पसीना बहाया। इस यात्रा का मुख्य वाहन मर्सडीज बेंज के चेसिस पर बनाकर इस ट्रक में सारी सुख-सुविधाएँ जुटाई गई थीं। ऊपर जाने वाला मंच था, जिस पर चढ़कर शिवराज जनता के बीच भाषण देते या फिर आगे की सीट पर बैठकर लोगों से रास्ते भर हाथ मिलाते। अधिकतर मौक़ों पर उनकी पत्नी साधना सिंह इस यात्रा में साथ रहतीं और शिवराज के खाने-पीने का ख़याल

रखतीं। रथ में सवार होने वाले नेताओं, कार्यकर्ताओं और पत्रकारों से भी वे बड़ी सहजता से व्यवहार करती थीं।

## दो रथों पर सवार शिवराज

यात्रा के लिए एक नहीं, बल्कि दो ट्रकों को रथ बनाया गया था। एक मालवा तो दूसरा विंध्य में चलता था। शिवराज ने मालवा के पहले दौर की यात्रा ख़त्म की, तो अगले दौर के लिए वे 18 जुलाई की रात की ट्रेन में बैठकर मैहर उतरे। माँ शारदा का आशीर्वाद लेकर वे जनता का आशीर्वाद लेने निकल पड़े दूसरे ट्रक पर सवार होकर, जो पहले से ही यहाँ पर खड़ा था। *जन आशीर्वाद यात्रा* में प्रदेश के सारे जिलों का चक्कर शिवराज ने एक नहीं, दो बार लगाया। आमतौर पर दिन के ग्यारह बजे से चलने वाली यह यात्रा कई जगहों पर रात में दो और तीन बजे भी पहुँची, तो शिवराज को सुनने लोग खड़े मिले। बरसते पानी और भीड़-भाड़ में भी शिवराज ऐसी यात्रा को बहुत सहजता से लेते। 22 जुलाई को महेश्वर में उन्होंने जनता से कहा कि रात के पौने दो बज रहे हैं, जाने दीजिए क्योंकि धामनौद जाना है, मगर शिवराज को महेश्वर में ही तड़के तीन बज गए। अगले दिन भोपाल में बेलदार समाज के सम्मेलन में उन्होंने कहा, “आशीर्वाद यात्रा के कारण कई दिनों से सो नहीं पा रहा हूँ, आँखों में नींद भरी रहती है और पैर भी सूज गए हैं।” शिवराज की मेहनत के आगे सारे नेता पानी भरते दिखे। चुनाव प्रचार के दौरान बीजेपी और काँग्रेस का कोई नेता ऐसी मेहनत करते नहीं दिखा।

## जन आशीर्वाद यात्रा पर हमला

मगर यही *जनआशीर्वाद यात्रा* जब विंध्य पहुँची, तो विवाद का कारण बन गई। चुरहट में जब यह यात्रा गुज़री, तो वहाँ कुछ लोगों ने इस पर पत्थर फेंके, जिससे गाड़ी के शीशे में क्रैक आ गया और रात में एक बजे जब सीधी के पूजा पार्क में शिवराज की सभा चल रही थी, तो कुछ लोगों ने उन पर चप्पल भी उछाल दी। कहने को तो यह छोटी-छोटी घटनाएँ थीं, मगर सुबह से ही बीजेपी सरकार इनको तूल देने में लग गई। गृहमंत्री भूपेंद्र सिंह ने कहा कि ये घटनाएँ मुख्यमंत्री की जान लेने की साज़िश थीं। कुछ लोगों की

हरकत को सरकार ने आतंकी गतिविधियों जैसा चैनलों पर प्रचारित किया, फिर क्या था शिवराज भी क्यों पीछे रहते, वे अपनी सभाओं में शहादत तक की बात कहने लगे, हालाँकि आगे चलकर कुछ दिनों में साफ़ हो गया कि शिवराज के रथ पर पत्थर निशाने लगाकर नहीं मारे गए थे, बल्कि उछाले गए थे और पुलिस ने जिनको गिरफ़्तार किया था, वे काँग्रेसी कार्यकर्ता थे और जिस लड़के की शिकायत पर कहानी गढ़ी गई, वह पेट्रोल पंप पर पंचर की दुकान में काम करने वाला ग़रीब लड़का था। बीजेपी सरकार के दबाव में शिवराज पर जानलेवा हमले की यह कहानी बनाई हुई निकली। उधर, सीधी में चप्पल उछालने वाले भी आरक्षण विरोधी मोर्चा के सामान्य कार्यकर्ता निकले, जो एट्रोसिटी एक्ट में हुए बदलावों का विरोध कर रहे थे।

शिवराज की *जन आशीर्वाद यात्रा* ने पैंतालीस दिन में 4270 किलोमीटर का सफ़र तय किया। इस दौरान 184 विधानसभा क्षेत्रों में 395 से ज़्यादा मंच, रथ सभाएँ और रोड शो किए। इस यात्रा ने शिवराज का ज़बरदस्त हौसला बढ़ाया और उनको लगने लगा कि अब जीत दूर नहीं। जिस वक़्त यह यात्रा चल रही थी, उस दौरान काँग्रेस अपने प्रचार का सही तरीक़े से श्रीगणेश भी नहीं कर पाई थी। ऐसे में शिवराज कहते थे, "जनता की आँखों में फिर से सरकार बनाने की चमक देख रहा हूँ।" उनको भरोसा था कि इस यात्रा में उन्हें देखने, सुनने और मिलने वह जनता ज़्यादा आ रही है, जिसको सरकार की योजनाओं का लाभ मिला है और यही लोग मतदान में उनको वोट देकर जिताएँगे।

## सोशल मीडिया के सहारे शिवराज

इस बार के चुनावों में बीजेपी ने सोशल मीडिया का ज़बरदस्त उपयोग किया। बीजेपी के राष्ट्रीय अध्यक्ष अमित शाह ने सोशल मीडिया से जुड़े लोगों को नया नाम दिया *साइबर योद्धा*। शाह ने प्रदेश के 65 हज़ार बूथों पर डेढ़ लाख से ज़्यादा कार्यकर्ताओं को जोड़ने की योजना बनाई। ये लोग वाट्सअप ग्रुप की मदद से एक दूसरे से जुड़े रहें, ऐसा सोचा गया। शाह ने कहा कि हर विधानसभा सीट पर पार्टी के बीस हज़ार कार्यकर्ताओं के वाट्सअप ग्रुप हों, जिनसे चालीस लाख से ज्यादा लोग जुड़े रहें। इस ग्रुपों की मदद से बीजेपी का प्रचार हो और पार्टी के पक्ष में माहौल बने। सोशल मीडिया को नया कंटेंट देने और काँग्रेस के प्रचार पर प्रहार करने के लिए भोपाल

के प्रदेश कार्यालय में ही पचास से ज़्यादा लोगों की टीम थी, जो नया-नया मैटर अपनी जिलों में फैली टीमों तक भेजती थी। कार्यकर्ताओं की सोशल मीडिया टीम के अलावा कई छोटी-बड़ी कंपनियाँ बीजेपी और शिवराज सिंह के प्रचार-प्रसार में लगी रहीं। ये कंपनियाँ इतनी ज़्यादा थीं कि किसी को पता नहीं था कि कौन-कौन सी कंपनियाँ क्या काम कर रहीं है। सोशल मीडिया के इस प्रचार से जुड़े एक व्यक्ति की मानें, तो कुछ कंपनियाँ शिवराज सरकार के कामकाज का प्रचार कर रही थीं, तो कुछ शिवराज की छवि बना रहीं थीं, तो कुछ काँग्रेस के ख़िलाफ़ दुष्प्रचार कर रहीं थीं। ये कंपनियाँ कुछ सरकार से अनुबंधित थीं, तो कुछ बीजेपी से जुड़ी थीं। इस बार के चुनाव अभियान में इतना पैसा दाँव पर था कि दिल्ली, अहमदाबाद और मुंबई की कंपनियाँ बीजेपी नेताओं से सिफ़ारिश करा कर सरकार और बीजेपी से काम पा रही थीं। किसी कंपनी को पार्टी अध्यक्ष अमित शाह ने काम दिलाया था, तो किसी को आरएसएस के राम माधव ने। बीजेपी के चुनाव अभियान में सबसे ज़्यादा सक्रिय रोल रहा एबीएम कंपनी का।

एबीएम मतलब एसोसिएशन ऑफ़ ब्रिलियेंट माइंड्स। यह कंपनी अहमदाबाद की है और इसमें चुनाव प्रबंधन के चर्चित चेहरे प्रशांत किशोर उर्फ़ पीके की टीम छोड़कर आए लोग हैं। दावा किया जाता है कि इस कंपनी से बीजेपी के राष्ट्रीय अध्यक्ष अमित शाह और उनके क़रीबी जुड़े हैं। इस कंपनी का दफ़्तर होशंगाबाद रोड पर होटल लॉ पर्ल में बने मीडिया सेंटर में बनाया गया था, जहाँ बैठकर मीडिया मॉनिटरिंग और मीडिया स्ट्रेटजी बनाई जाती थी।

## पीके से छिटके हुए लोग

बीजेपी अभियान में एक और कंपनी की चर्चा रही, वह थी असम चुनाव बीजेपी को जिताकर चर्चित हुए रजत सेठी और उनकी पत्नी शुभ्रास्था की। ये दोनों भी प्रशांत किशोर, यानी पीके की टीम से निकले हुए थे। होशंगाबाद रोड की सबसे महँगी कॉलोनी में मकान लेकर यह टीम भी बीजेपी के चुनाव अभियान में अपना दख़ल रखती थीं। इसी कंपनी के रणनीतिकारों ने एक बार शिवराज सिंह के मामा संबोधन पर ऐतराज किया और सलाह दी कि मामा कहने से रोका जाए। इससे शिवराज की प्रोफ़ाइल बहुत सामान्य सी

बनती है, जो चुनाव में काम नहीं करेगी। इन कुछ बड़ी और चर्चित कंपनियों के अलावा कुछ और छोटी कंपनियाँ भी काम कर रही थीं, जिनमें नए लड़कों को बड़े पैमाने पर भर्ती कर सोशल मीडिया से जुड़े काम सौंपे जा रहे थे। ऐसी ही कंपनी में काम करने वाले एक शख़्स ने बताया कि इन कंपनियों में एंट्री के लिए आरएसएस से जुड़ा होना अनिवार्य था। यदि आप संघ दीक्षित नहीं हैं या संघ की विचारधारा से जुड़ाव नहीं रखते, तो इन कंपनियों में नो एंट्री रहेगी।

## काँग्रेसी विज्ञापनों के लिए नो वैकेंसी

बीजेपी ने काँग्रेस को प्रचार अभियान में मात देने के लिए मध्यप्रदेश के सारे बड़े अख़बारों के पेज सस्ती दरों पर महीनों पहले ही ख़रीद लिए थे। इस वजह से काँग्रेस को प्रचार के लिए अख़बारों में बेहतर जगह ही नहीं मिली। एक अच्छे अख़बार के तीन से चार पेजों पर बीजेपी के चुनावी विज्ञापन ही दिखते थे। खोजने पर कहीं काँग्रेस का छोटा विज्ञापन दिख जाता था, मगर बीजेपी की यह रणनीति भी बहुत काम नहीं आई। अख़बार में अति प्रचार देख जनता ने पैसों की बर्बादी के आरोप भी लगाए, और उस पर हर विज्ञापन में मोदी, अमित शाह और शिवराज के चेहरों ने भी ऊब पैदा की। विज्ञापन टीम से जुड़े एक सक्रिय सदस्य ने दावा किया कि अति प्रचार उल्टा पड़ रहा था, यह हमें अभियान के बीच में ही लगने लगा था, मगर कोई सुनने वाला ही नहीं था। प्रचार से जुड़ी कंपनियाँ ज्यादा से ज्यादा काम करके पैसा बटोरने में लगी थीं। अभियान की दुर्दशा हमारे देखते ही देखते हो गई।

चुनाव प्रचार में इस बार फनी वीडियो ने भी ख़ूब हँसाया और माहौल बनाया। बीजेपी के आईटी सेल से जुड़ी कंपनियों ने बीच चुनाव में ढेर सारे फनी वीडियो बनाए, जो मीडिया में जगह बनाते रहे और माहौल को गर्माते रहे। इन वीडियो में मुख्यमंत्री शिवराज सिंह को कहीं *बाहुबली,* तो कहीं *रेस श्री* का सलमान तो कहीं *नायक* का हीरो बनाकर काँग्रेसी नेताओं की धुनाई करते हुए दिखाया गया। ऐसे वीडियो दोनों तरफ़ से बने और वाट्सअप पर जमकर चले। इन वीडियो की दोनों तरफ़ से शिकायतें भी चुनाव आयोग से लेकर साइबर सेल तक में हुईं, मगर कार्रवाई कहीं नहीं बढ़ी, क्योंकि दोनों पार्टियाँ हंगामा होने पर इन वीडियो से किनारा कर लेती थीं।

## मोदी की सभाएँ रहीं फीकी

बीजेपी के चुनाव अभियान में बड़ा रोल निभाया मोदी की सभाओं ने। पीएम मोदी ने कई सभाएँ कीं चुनाव के दौरान, मगर इस बार मोदी की रैलियों में वैसी भीड़ नहीं उमड़ी, जैसा अनुमान किया गया था। मोदी की रैलियों से कुछ ऐसा मुद्दा निकल कर आने की उम्मीद भी की जा रही थी, जो पूरे चुनाव की दिशा ही बदल दे, मगर मोदी का जादू दोबारा नहीं जगा। मोदी के अलावा अमित शाह की रैलियों को भी पार्टी की तरफ़ से प्रमुखता दी जाती थी। उधर, शिवराज तो थे ही, जो एक दिन में छह से दस सभाएँ तक कर लेते थे, मगर अख़बारों और टीवी चैनलों में कवरेज़ मोदी और शाह की सभाओं को प्रमुखता से देने के निर्देश दिए जाते थे, जिसके चलते शिवराज सिंह अख़बार और मीडिया के प्रचार में पिछड़ते रहे। मोदी और अमित शाह के राष्ट्रीय मुद्दे चर्चित रहे। उधर, स्थानीय मुद्दों पर लगातार बोलने वाले शिवराज सिंह के प्रचार का कवरेज़ धीरे-धीरे सिमटता रहा।

## बीजेपी का बूथ मैनेजमेंट

मध्यप्रदेश में बीजेपी अपने बूथ मैनेजमेंट के लिए जानी जाती है। बीजेपी के राष्ट्रीय संगठन मंत्रीं रामलाल तो नारा ही देते हैं *बूथ जीता, चुनाव जीता* और *मेरा बूथ सबसे मज़बूत*। बीजेपी नेताओं का पूरा ज़ोर बूथ पर तगड़ा मैनेजमेंट रखने पर होता है। मतदाता सूची का पन्ना प्रभारी से लेकर अर्द्ध पन्ना प्रभारी तक बीजेपी ने बनाए और इन प्रभारियों को पार्टी से जोड़ कर रखने के लिए इनको छोटी-मोटी नौकरी से लेकर बाइक तक के फ़ायदे दिए गए। हर बूथ पर पार्टी एक-एक मतदाता की चार श्रेणियाँ बना रही थी ए,बी, सी और डी। ए का मतलब वह मतदाता, जो बीजेपी या काँग्रेस का कट्टर समर्थक है। बी यानी बीजेपी सरकार की योजनाओं का लाभ लेने वाला हितग्राही। सी का मतलब, जिसे समझाकर अपने पक्ष में किया जा सके, ऐसा वोटर। डी का मतलब वह वोटर, जिसे चुनावी दाँव-पेंच से पक्ष में किया जा सके। चुनावी दाँव-पेंच का अर्थ यहाँ साम, दाम, दंड और भेद सब है। डरा कर, धमका कर और लालच देकर इस वोटर को अपने पक्ष में मोड़ा जा सकता है। बीजेपी ने सारे पैंसठ हज़ार बूथों का वाट्सअप ग्रुप बनाया हुआ था, जिस पर पार्टी संगठन और चुनाव प्रचार की सारी जानकारियाँ मिलती रहती थीं।

## ओपिनियन पोल का असर

चुनाव अभियान शुरू होते ही सर्वे कंपनियों और न्यूज चैनल्स के ओपिनियन पोल आने लगे थे, जिनसे शिवराज सरकार बहुत घबराई रही। चुनाव परिणाम के ठीक एक महीने पहले 11 नवंबर 2018 को जो सर्वे जारी हुए, उसमें *सी वोटर* ने काँग्रेस को 42 फ़ीसदी वोट देकर 116 सीटें दी, तो बीजेपी को साढ़े 41 फ़ीसदी वोट देकर 107 सीटें दीं। *एबीपी न्यूज सीएसडीएस* ने काँग्रेस को 105 तो बीजेपी को 116 सीटें दीं। मगर कमाल तो किया *टाइम्स नाउ* के साथ *वाररूम स्ट्रेटजी* के सर्वे ने, जिसने बीजेपी को 44 फ़ीसदी वोट प्रतिशत के साथ 142 सीटें, तो 35 फ़ीसदी वोट के साथ काँग्रेस को 77 सीटें दे दीं। अब यहाँ कह सकते हैं कि *सी वोटर* का सर्वे परिणामों के बेहद क़रीब रहा और *वार रूम* तो वही कंपनी थी, जो सरकार और बीजेपी के साथ मिलकर सोशल मीडिया का काम देख रही थी। जब एक तरफ़ चैनल्स बीजेपी की सरकार जाते हुए दिखा रहे थे, तो *वार रूम* सरकार के बचाव में माहौल बना रही थी। *एबीपी न्यूज* के सर्वे आधारित कार्यक्रम *सियासत के सेंसेक्स* में जब रोज़ सर्वे दिखाए जाने लगे और उनमें बीजेपी की सरकार जाते हुए दिखाई जाने लगी, तो शिवराज सरकार के मीडिया मैनेजरों ने भोपाल में होने वाले *एबीपी* के कार्यक्रम में शिवराज सिंह के शामिल होने से इंकार कर दिया। इससे सरकार की घबराहट समझ आ रही थी।

यही हाल एक्ज़िट पोल का रहा। *एबीपी न्यूज* के मतदान के बाद हुए एक्ज़िट पोल में काँग्रेस 126 तो बीजेपी को 94 सीटें मिलती दिखाईं, तो *आज तक* ने काँग्रेस को 113 और बीजेपी को 111 सीटें दीं। *न्यूज 24* ने काँग्रेस को 115 और बीजेपी को 103, *रिपब्लिक टीवी* ने काँग्रेस को 118 और बीजेपी को 98 सीटें दीं, मगर कमाल एक बार फिर *टाइम्स नाउ* ने किया, उसने काँग्रेस को सबसे कम 89 और बीजेपी को 126 सीटें दीं, हालाँकि पॉलिटिक्स डॉट इन नामक नए पॉलिटिकल स्टार्टअप ने काँग्रेस को 123 और बीजेपी को 90 सीटें मिलने की भविष्यवाणी की। इस स्टार्टअप ने काँग्रेस को चालीस दशमलव पचास वोट प्रतिशत दिया, जो सच्चाई के काफ़ी क़रीब रहा।

एक्ज़िट पोल से जुड़ा एक किस्सा यहाँ लिख रहा हूँ, जिससे नेता चैनल, चुनाव और पोल को लेकर क्या सोचते हैं, यह पता चलेगा। मतदान के बाद चुनाव की थकान मिटाने के लिए शिवराज सिंह अपने परिवार के

साथ बाँधवगढ़ राष्ट्रीय पार्क गए और वहाँ एक मंत्री के रिसोर्ट का आतिथ्य स्वीकार किया।

एक्ज़िट पोल वाले दिन जब सारे लोग बैठकर टीवी पर एक्ज़िट पोल देख रहे थे और शुरुआत में ही *एबीपी न्यूज* पर बीजेपी की सरकार बनती नहीं दिखी, तो शिवराज सिंह ने चैनल बदलने को कहा और जोड़ा कि यह चैनल तो शुरुआत से ही अपनी सरकार नहीं बना रहा। चुनावों के दौरान भी *एबीपी न्यूज* के कार्यक्रम *सियासत का सेंसेक्स* में एमपी पर रोज़ दिखाए जा रहे सर्वे में भी बीजेपी पिछड़ती दिखती थी, जिस पर बीजेपी और शिवराज सिंह ने ऐतराज जताया और भोपाल में होने वाले *एबीपी* के *शिखर सम्मेलन* में आने से उनको उनके सलाहकारों ने रोक दिया।

विधानसभा चुनाव के प्रचार अभियान में बीजेपी ने जमकर पैसा बहाया। कई एजेंसियां ने प्रचार का काम देखा। किसी कंपनी ने सर्वे किए, तो किसी ने विज्ञापन बनाए, तो किसी ने मीडिया पर इन विज्ञापनों को दिखाया। एक अपुष्ट अंदाज़ के मुताबिक़ अकेले प्रचार पर ही बीजेपी ने तक़रीबन डेढ़ सौ करोड़ रुपये ख़र्च किए। बीजेपी का प्रचार अभियान अपूर्व था। पहले मध्यप्रदेश विधानसभा के किसी चुनाव में ऐसा देखा नहीं गया, मगर परिणाम बीजेपी के पक्ष में नहीं आया, इससे साबित हुआ कि प्रचार अभियान पार्टी के पक्ष में सिर्फ़ माहौल बना सकता है, परिणाम तो जनता ही तय करती है। यह भी सच है कि प्रचार से पब्लिक एक सीमा से ज़्यादा प्रभावित नहीं होती।

**5**

# काँग्रेस का चुनावी घमासान

आख़िरकार कई महीनों की क़यासबाजी के बाद 26 अप्रैल को ख़बर आ ही गई कि काँग्रेस नेता कमलनाथ को प्रदेश काँग्रेस कमेटी का अध्यक्ष चुन लिया गया। इसके पहले कई दिनों से ये अटकलें चल रही थीं कि काँग्रेस अध्यक्ष अरुण यादव को बदला जा रहा है, मगर नया अध्यक्ष कौन होगा, इसके लिए कई नामों की पतंगें उड़ाई जा रही थीं। कभी कमलनाथ, तो कभी ज्योतिरादित्य सिंधिया का नाम उछलता रहा।

## कमलनाथ का छिंदवाड़ा कनेक्शन

मध्यप्रदेश की राजनीति में छिंदवाड़ा से प्रवेश करने वाले कमलनाथ प्रदेश के सबसे ताक़तवर और सबसे सीनियर नेता हैं। संजय गाँधी से लेकर इंदिरा गाँधी, राजीव गाँधी और सोनिया गाँधी से होते हुए राहुल गाँधी तक के साथ काम करने वाले कमलनाथ का लंबा राजनीतिक अनुभव है। मूल रूप से कानपुर के रहने वाले और कोलकाता में कारोबार करने वाले, पंजाबी ब्राह्मण परिवार से संबंध रखने वाले कमलनाथ दून स्कूल में संजय गाँधी के साथ पढ़े हैं। स्कूल के बाद की उनकी पढ़ाई कानपुर और कलकत्ता विश्वविद्यालय से हुई। जब संजय गाँधी, इंदिरा गाँधी के राजनीतिक उत्तराधिकारी के तौर पर राजनीति कर रहे थे, तब भी संजय की कोर टीम के सदस्य थे कमलनाथ। कमलनाथ का राजनीति में प्रवेश भी कम रोचक नहीं है। बताया जाता है कि महाराष्ट्र में नागपुर के रहने वाले गार्गीशंकर मिश्रा पड़ोस के जिले छिंदवाड़ा

57

से राजनीति करते थे और तीन बार वहाँ से सांसद रहे। गार्गीशंकर मिश्रा का जलवा यह था कि जब इंदिरा विरोधी लहर 1977 में चली, तो वे तमाम स्थानीय नेताओं के विरोध के बाद भी उसमें जीत कर आए। छिंदवाड़ा के लोगों ने एक बार दिल्ली जाकर संजय गाँधी के सामने मिश्रा की जमकर बुराई की, तो गुस्से में आकर संजय ने पास खड़े कमलनाथ को छिंदवाड़ा से चुनाव लड़ने का फ़रमान सुना दिया। 1980 में पहली बार कमलनाथ छिंदवाड़ा से चुनाव लड़े और जीते, तो उसके बाद 2014 तक वे दस बार सांसद रह चुके हैं। हवाला डायरी में नाम आने पर 1996 के चुनावों में जब पार्टी ने उनका टिकट काटा, तो उनकी पत्नी अलका नाथ काँग्रेस के टिकट पर चुनाव लड़ीं और जीतीं। बाद में कहा जाता है कि दिल्ली में अपना बड़ा बंगला बचाने के लिए कमलनाथ ने एक साल बाद ही अलकानाथ से इस्तीफ़ा दिलवाया और उपचुनाव में फिर खड़े हो गए, हालाँकि तब तक उनको हवाला मामले में क्लीन चिट मिल गई थी, लेकिन कमलनाथ बीजेपी के बुजुर्ग नेता सुंदरलाल पटवा से छिंदवाड़ा में ही चुनाव हार गए। अगले साल ही हुए आम चुनाव में वे फिर जीते और छिंदवाड़ा पर क़ब्ज़ा बरक़रार रखा। मध्यप्रदेश के आदिवासी इलाक़े छिंदवाड़ा को कमलनाथ ने विकसित बनाने में कोई कसर नहीं छोड़ी है। चाहे सड़कें हों, उद्योग हों या पढ़ाई के इंस्टीट्यूट, छिंदवाड़ा में इन सब के अच्छे इंतज़ाम हैं।

## कमलनाथ का कद सबसे ऊँचा

मध्यप्रदेश में कमलनाथ वे सामर्थ्यवान और सक्षम नेता हैं, जिनकी बात मध्यप्रदेश में सभी छोटे-बड़े नेता सुनते हैं। पंद्रह साल से सत्ता से दूर काँग्रेस को ताक़तवर बीजेपी के ख़िलाफ़ चुनाव लड़ने के लिए जो संसाधन, अनुशासन और समन्वय का सामर्थ्य चाहिए था, वह कमलनाथ के पास ही था और यही सोच कर उनको आलाकमान ने मध्यप्रदेश में काँग्रेस की वापसी के लिए चुना। उधर, युवा जोश और ऊर्जा से भरे गुना-शिवपुरी के सांसद ज्योतिरादित्य सिंधिया को पार्टी ने चुनाव अभियान समिति का अध्यक्ष बनाकर संतुष्ट करने की कोशिश की, मगर सिंधिया की नाराज़गी इस बात से ज़ाहिर हुई कि नए अध्यक्ष की और अपनी नई नियुक्ति पर अगले तीन दिन तक उनकी कोई प्रतिक्रिया नहीं आई। शिवराज सिंह ने कमलनाथ को

उनके नए पद के लिए बधाई और शुभकामनाएँ दे दी थीं। सिंधिया की चुप्पी तीन दिन बाद टूटी और प्रदेश अध्यक्ष कमलनाथ का उन्होंने स्वागत किया।

काँग्रेस आलाकमान ने प्रदेश अध्यक्ष के साथ ही कार्यकारी अध्यक्ष का प्रयोग मध्यप्रदेश में भी दोहराया। प्रदेश के चार अलग-अलग अंचलों से चार कार्यकारी अध्यक्ष बना दिए गए। मालवा से जीतू पटवारी, तो ग्वालियर-चंबल से रामनिवास रावत, बुंदेलखंड से सुरेन्द्र चौधरी, तो आदिवासी इलाक़े धार-बड़वानी से बाला बच्चन। इसमें चौधरी को छोड़ दें, तो बाक़ी तीनों तत्कालीन विधायक रहे। नाइट वाचमैन के तौर पर प्रदेश काँग्रेस अध्यक्ष का पद सँभाल रहे अरुण यादव ने इस घटनाक्रम पर ऐलान किया कि वे आने वाले दिनों में कोई चुनाव नहीं लड़ेंगे, न विधानसभा का और न लोकसभा का, हालाँकि उनकी यह शपथ लोकसभा चुनाव में टूट गई, जब पार्टी अध्यक्ष राहुल गाँधी ने उनसे खंडवा से चुनाव लड़ने को कहा।

## बावरिया का बाँकपन

अरुण यादव के अध्यक्ष के कार्यकाल के दौरान ही पार्टी ने सितंबर 2017 में संगठन की देखभाल के लिए महासचिव का पद सँभाल रहे मोहन प्रकाश की जगह मध्यप्रदेश का प्रभारी महासचिव दीपक बावरिया को बना दिया। गुजरात से संबंध रखने वाले दीपक टेक्नोक्रेट हैं और राहुल गाँधी के ख़ास भरोसेमंद हैं। पार्टी में उनका पद सचिव था, पर पार्टी ने उन पर भरोसा जताया और प्रभारी महासचिव बनाकर उनको मध्यप्रदेश भेजा, साथ में दो सचिवों- संजय कपूर और जुबेर खान को भी उनकी मदद की ज़िम्मेदारी दी। मध्यप्रदेश आने के पहले बावरिया ने केरल में काँग्रेस के लिए संगठन का काम किया था और वहाँ उन्होंने संगठन के पुनर्गठन की नई संरचना का सराहनीय काम किया था। काँग्रेस में आमतौर पर संगठन की सबसे नीचे की इकाई ब्लॉक होती है, मगर बावरिया उसे नीचे मंडल स्तर तक ले गए, जिसे मंडलम कहा गया।

मध्यप्रदेश में अरुण यादव से थोड़ी बहुत नोक-झोंक और मनमुटाव के बीच उन्होंने काम शुरू किया और काँग्रेस के संगठन को जिला से ब्लॉक, फिर मंडल के बाद सेक्टर और आख़िर में बूथ तक खड़ा करने की क़वायद में जुट गए। बावरिया ने हर बूथ पर दस कार्यकर्ताओं की टीम तैयार की।

तीन बूथों पर एक सेक्टर बनाया। हर सेक्टर में पंद्रह कार्यकर्ता और दो सेक्टर को जोड़ा जाए, तो एक मंडलम। एक मंडलम में पार्टी के बीस निष्ठावान कार्यकर्ताओं को जोड़ा गया। इस तरीक़े से बावरिया ने ग्यारह हज़ार मंडलम देखते-देखते तैयार कर दिए। मध्यप्रदेश में काम करना आसान नहीं था। यहां कार्यकर्ता पार्टी नहीं, अपने नेताओं के लिए काम करते थे। नेताओं की खेमेबाज़ी में कार्यकर्ता भोपाल से लेकर जिलों तक बँटे थे, जिस कारण बावरिया को कई जगह अप्रिय स्थितियों का सामना करना पड़ता था। कार्यभार सँभालने के बाद बावरिया रीवा दौरे पर गए और वहाँ काँग्रेस के दिग्गज नेता अजय सिंह पर कुछ टिप्पणी कर बैठे, तो कुछ समर्थकों ने उनके साथ रेस्ट हाउस में हाथापाई तक कर दी। मध्यप्रदेश के कार्यकर्ताओं से यह उनका पहला टकराव था। बाद में तो चुनाव में टिकट बँटवारे के दौरान उन पर टिकट बेचने के आरोप लगे, तो उन्होंने काँग्रेस कार्यकर्ताओं के ख़िलाफ़ ही मानहानि का मुक़दमा जड़ दिया। बावरिया के बयान भी अक्सर उनको सुर्खियों में ला देते थे, कभी वे कमलनाथ को मुख्यमंत्री बनाने का ऐलान कर देते, तो कभी सिंधिया को, तो कभी जिस कार्यक्रम में जाते, तो वहीं कह देते कि हो सकता है कि यहाँ उपस्थित नेताओं में से ही कोई मुख्यमंत्री बने। कमलनाथ बावरिया की कार्यप्रणाली से बहुत ख़ुश तो नहीं रहते थे, मगर उनके साथ कभी टकराव पैदा नहीं होने देते थे। बावरिया की मेहनत करने की आदत और उनकी राहुल गाँधी से नज़दीकी को वे अच्छी तरह से जानते थे। पंद्रह साल से सत्ता से दूर थकी-हारी काँग्रेस को चुनाव के लिए तैयार करना आसान नहीं था, मगर धीरे-धीरे काँग्रेस की तैयारी परवान चढ़ रही थी। प्रदेश काँग्रेस से लेकर कमलनाथ तक यह बात समझते थे कि यदि इस बार काँग्रेस की सत्ता में वापसी नहीं हुई, तो फिर पार्टी का प्रदेश से पूरी तरह पत्ता साफ़ हो जाना तय था। बावरिया ने यही बात कार्यकर्ताओं को समझाई और जी-जान से काम करके पार्टी को सत्ता में वापस लाने की घुट्टी पिलाई।

## मंदसौर की महारैली

काँग्रेस सत्ता में आ सकती है, यह पार्टी नेताओं को पहली बार अहसास हुआ राहुल गाँधी की मंदसौर में छह जून 2018 को हुई किसान रैली के बाद। ठीक एक साल पहले मंदसौर जिले के पीपल्या मंडी में पुलिस की गोली से आंदोलन कर रहे छह किसान मारे गए थे। घटना के तुरंत बाद

राहुल मंदसौर आकर किसानों से मिलना चाहते थे, मगर उनको मध्यप्रदेश और राजस्थान सीमा पर गिरफ़्तार कर नीमच में हिरासत में रखा गया। इसलिए राहुल इस दुखद घटना की बरसी पर मंदसौर आकर किसानों के परिजनों से मिलना चाहते थे और यहीं से मध्यप्रदेश में चुनाव अभियान का शंखनाद करना चाहते थे। मंदसौर की इस रैली का नाम पहले किसानों की श्रद्धांजलि सभा, फिर स्वाभिमान सभा और बाद में किसान संकल्प सभा रखा गया। कहा गया कि यहाँ आने वाले एक लाख किसान काँग्रेस सरकार को सत्ता में लाने का संकल्प लेकर लौटेंगे। राहुल ने मंदसौर की इस भीड़ भरी सभा में आने वाले चुनाव का एजेंडा साफ़ कर दिया। राहुल ने दावा किया कि काँग्रेस सरकार बनने के दस दिन के अंदर ही किसानों का दो लाख रुपये तक का क़र्ज़ा माफ़ होगा। और दस दिन में ही मंदसौर गोलीकांड में किसानों पर गोली चलाने वाले आरोपी पुलिस वालों को सज़ा मिलेगी। जनता को खुश करने वाली इन घोषणाओं के अलावा राहुल ने काँग्रेस कार्यकर्ताओं को भी संदेश दिया कि पार्टी अपने दो नेताओं को आगे कर चुनाव मैदान में उतरी है। कमलनाथ के पास अनुभव है, तो सिंधिया के पास ऊर्जा और समय है, जिसका उपयोग पार्टी करेगी। जनता को साफ़ हो गया कि सरकार बनी, तो मुख्यमंत्री कमलनाथ ही बनेंगे। इस सभा में आई भीड़ से राहुल के साथ-साथ मध्यप्रदेश में काँग्रेस के संगठन के लिए काम करने वाले लोगों को लग गया कि इस बार वक़्त बदलाव का है। अधिकतर जनता राहुल को सुनने स्वयं आई, उसे लाया या ढोया नहीं गया, यानी सरकार परिवर्तन के अंडरकरंट का अहसास काँग्रेस के नेताओं को इस सभा में हो गया और मंदसौर की सभा काँग्रेस के चुनाव अभियान का मील का पत्थर साबित हुई। काँग्रेस नेता और कार्यकर्ता इस रैली के बाद जी-जान से सरकार बनाने में जुट गए, हालाँकि कभी न थकने वाले शिवराज राहुल के आने के चार दिन पहले भरी गर्मी में भी मंदसौर का दौरा कर नाराज़ किसान नेताओं को मना कर आ गए थे। उन्होंने एक रात मंदसौर में रुक कर राहुल की सभा फीकी करने के लिए व्यवस्थाएँ दुरुस्त भी की थीं, ताकि उस सभा में ज़्यादा किसान न जाएँ, मगर राहुल की रैली में भारी संख्या में लोग आए, जिससे लगा कि इस बार शिवराज सरकार को उखाड़ने की लहर मंदसौर से उठेगी, मगर ऐसा हुआ क्या, आगे देखेंगे।

## कमलनाथ का काम नहीं था आसान

काँग्रेस की सत्ता में वापसी का काम कमलनाथ के लिए आसान नहीं था। यह कमलनाथ को मालूम था कि बहत्तर साल की उम्र में वे अपनी ज़िंदगी की सबसे बड़ी चुनौती का सामना करने जा रहे थे, मगर कमलनाथ की तैयारी कम न थी। प्रदेश में किन लोगों से क्या काम लेना है, यह उनको मालूम था। चुनाव की कैसी तैयारी करनी है, यह वे जानते थे। विधानसभा चुनाव संबंधी विधानसभावार आँकड़े, मतदाता सूचियाँ, चुनाव के मौक़ों पर दूसरी पार्टियों से बनने वाले समीकरण, पार्टी की कमजोरियाँ और उसकी ताक़त की वे गणना कर चुके थे। सर्वे कंपनियों से बात कर चुके थे और चुनाव के लिए फंड कहाँ से कैसे मैनेज किया जाएगा, इस सबका होमवर्क वे काँग्रेस अध्यक्ष का पद सँभालने से पहले ही कर चुके थे।

काँग्रेस अध्यक्ष बनने के बाद भोपाल में मुख्यमंत्री के सरकारी आवास छह, श्यामला हिल्स के ठीक पास में बने नौ, सिविल लाइन्स के उस बंगले में रौनक़ आ गई थी, जो कई सालों से उजाड़ पड़ा था। कई एकड़ में फैला यह बंगला सांसद होने के नाते कमलनाथ को मिला हुआ था, मगर एक-दो मौक़ों को छोड़ वे बहुत कम ही यहाँ रात में रुके थे। वैसे भी मध्यप्रदेश में उनका मन सिर्फ़ छिंदवाड़ा में ही लगता था, जहाँ वे पहली बार 1980 में आए थे और वहीं के होकर रह गए, मगर अब जब मध्यप्रदेश काँग्रेस अध्यक्ष की ज़िम्मेदारी मिली, तो उन्होंने अपने इस पुराने बंगले को दुरुस्त किया और फिर काँग्रेस की ज्यादातर गतिविधियाँ शिवाजी नगर में बने काँग्रेस दफ़्तर के अलावा यहीं से चलने लगी थीं। इसी बंगले में कमलनाथ के निजी स्टाफ ने भी डेरा डाल लिया था, जिसमें राजेन्द्र कुमार मिगलानी सबसे प्रमुख थे। कमलनाथ को किससे कब और कितनी देर तक मिलना है, यह फ़ैसला कमलनाथ के लंबे समय से निजी सहायक रहे मिगलानी ही करते थे। मिगलानी की मंजूरी के बाद बैठक में पहुँचते ही कमलनाथ की टेबल पर रखी मिलती थीं कई सर्वे रिपोर्ट्स, जिनमें मध्यप्रदेश की सारी विधानसभा सीटों का बूथवार ब्योरा होता था। इन रिपोर्ट्स की तरफ़ इशारा करके कमलनाथ कहते थे, "मेरी सारी तैयारी है चुनाव की, बस परेशानी वक़्त की है, मेरे पास वक़्त कम और काम ज्यादा है।" कमलनाथ का काम करने का अंदाज़ अब तक के सारे प्रदेश अध्यक्षों से अलग था, वे काम का व्यक्ति चुनते थे और उसे काम करने की पूरी आज़ादी देते थे, मगर साथ

ही क्या काम दिया गया है, उस पर नज़र रख कर उसके काम की प्रगति का ब्योरा भी लगातार लेते रहते थे।

## कमलनाथ की कमरा रणनीति

मुख्यमंत्री शिवराज के ठीक उलट कमलनाथ के दौरे कम होते थे, मगर भोपाल में बैठ कर प्रदेशभर के नेताओं पर नज़र रखी जाती थी। प्रदेशभर में क्या घट रहा है, इसकी जानकारियाँ मँगवाई जाती थीं। कमलनाथ के कमरे में लगातार बनने वाली रणनीतियों में उनके कुछ ख़ास लोग मौजूद रहते थे, जो सिर्फ़ सलाह माँगने के लिए ही बुलाए जाते थे, मगर अंतिम फ़ैसला कमलनाथ स्वयं लेते थे। कमलनाथ ने मध्यप्रदेश के सारे सामाजिक समीकरणों का अच्छे तरीक़े से अध्ययन किया, उनकी जानकारियाँ जुटाईं और उस आधार पर ही रणनीतियाँ बनाईं, जैसे समाज के किस वर्ग को काँग्रेस पार्टी से जोड़ना है, वह अब तक क्यों उपेक्षित है, उसकी जानकारियाँ जुटाना, उस समाज के लोगों को क्या कह कर ख़ुश करना है आदि। इस पर कमलनाथ का दफ़्तर पूरे वक़्त काम करता रहता था। यही वजह रही कि अध्यक्ष बनने के बाद कई दिनों तक कमलनाथ दिन में एक या कभी-कभी दो से तीन समाज के लोगों की बैठकों में जाते थे।

बीजेपी से क्यों उनका मोहभंग हुआ है? इस सवाल पर बात करते और वादा करते कि उनके समाज के व्यक्ति को पार्टी चुनाव में टिकट देगी। कमलनाथ ने क़रीब 25 समाजों के लोगों के साथ अलग-अलग बैठकें कीं और यही वजह रही कि काँग्रेस के टिकट बँटवारे में कोई समाज छूटा नहीं। ब्राह्मण, ठाकुर सरीखे परंपरागत प्रत्याशियों के अलावा लोधी, साहू, किरार, सिंधी और मुस्लिम वर्ग के लोगों को काँग्रेस ने चुनाव में उतारा। इससे पूरे प्रदेश में उन समाजों में अच्छा माहौल बना, जो अभी तक बीजेपी से उपेक्षित महसूस कर रहे थे। सरकारी कर्मचारियों को भी ख़ुश करने में काँग्रेस ने कोई कसर नहीं छोड़ी। कर्मचारी संगठनों से बैठकें कर उनके हित के वादे किए। किसान और युवा काँग्रेस की रणनीति के केंद्र में शुरू से रहे। काँग्रेस मान कर चल रही थी कि किसान और नौजवानों को साध लिया, तो चुनाव जीतना तय है। कमलनाथ अपनी हर बैठक और सभाओं में युवाओं को रोज़गार और किसानों को बाज़ार देने की बात करते थे। किसानों के बीच राहुल गाँधी की क़र्ज़ माफ़ी की बात भी तेज़ी से फैली और काँग्रेस के पक्ष में

माहौल बनने लगा। समाज से जुड़े सभी वर्गों की बातों को काँग्रेस ने अपने वचन-पत्र में शामिल भी किया।

## कमलनाथ को दिग्विजय का सहारा

कमलनाथ जहाँ काँग्रेस की चुनावी बिसात भोपाल में बैठ कर बिछा रहे थे, तो वहीं उनके परम मित्र दिग्विजय सिंह इस बार एकदम नई भूमिका में थे। पूर्व मुख्यमंत्री दिग्विजय सिंह ने प्रदेश में दस साल तक सत्ता प्रमुख का पद सँभाला है और वे काँग्रेस के एकमात्र नेता हैं, जिनके समर्थक प्रदेश के हर जिले में हैं और दिग्गी राजा उनको अच्छे तरीक़े से जानते भी हैं। समन्वय समिति के अध्यक्ष के रूप में दिग्विजय सिंह ने अपने साथियों और समर्थकों के साथ दौरे किए। इन दौरों को *एकता यात्रा* का नाम दिया गया। इनमें दिग्विजय काँग्रेसियों को जिला मुख्यालय पर बुलाते, उनके साथ बातें करते और फिर साथ में खाना खाते। खाना शुरू करने से पहले दिग्गी राजा सबको क़सम खिलाते कि इस बार पार्टी के लिए जी-जान से काम करेंगे। टिकट किसी को भी मिले, लेकिन बिना किसी भितरघात के पार्टी को ही जिताएँगे। इस *संगत में पंगत* में कई जगहों पर जब किसे टिकट मिले, इस पर विवाद होता, तो दिग्विजय सिंह खड़े होकर कहते थे कि मुझे कान में बता जाओ कि किसे टिकट मिलना चाहिए, किसे नहीं। कई जगहों पर दिग्विजय ने एक-डेढ़ घंटे तक खड़े होकर अपने कान में कार्यकर्ताओं से उनके मन के उम्मीदवार के नाम सुने। मज़े की बात यह थी कि दिग्गी राजा को अपने मन के उम्मीदवार का नाम बताने के लिए लंबी क़तार लग जाती थी, पर दिग्विजय सिंह कार्यकर्ताओं के मन की बात कान में बड़े धीरज से सुनते थे। यह एक तरह से रायशुमारी भी हुआ करती थी।

यक़ीन मानिए, यह काम कमलनाथ और ज्योतिरादित्य सिंधिया या दिग्गी के कद का कोई दूसरा नेता नहीं कर सकता था। *संगत में पंगत* का एक दौर टिकट बँटवारे के बाद चला और दिग्विजय सिंह ने पार्टी के अधिकृत उम्मीदवार के ख़िलाफ़ खड़े दूसरे बाग़ी प्रत्याशियों को फ़ोन पर समझाइश देकर बैठाया। दिग्विजय ने भोपाल में चूनाभट्टी के बंगले में अस्थायी ठिकाना बनाया और यहीं वे क़तार लगाए लोगों से मिलते और पूरे वक़्त फ़ोन पर बाग़ियों से बात कर उनकी नाराज़गी को शांति से सुनते और चुनाव जीतने पर बेहतर पद या ज़िम्मेदारी देने का भरोसा दिलाते। बीजेपी में यह काम

आरएसएस से आए संगठन मंत्री करते थे, तो काँग्रेस में यह काम पहली बार इस शिद्दत से दिग्गी राजा ने किया। यही वजह रही कि काँग्रेस में इस बार बाग़ी प्रत्याशी बीजेपी के मुक़ाबले कम रहे। टिकट बँटवारे के बाद काँग्रेस ने क़रीब 18 तो बीजेपी ने 48 उन कार्यकर्ताओं को पार्टी से बाहर किया, जो बाग़ी होकर चुनाव मैदान में उतरे थे।

## सिंधिया का धुआँधार प्रचार

कमलनाथ और दिग्विजय सिंह से अलग काँग्रेस के तीसरे नेता ज्योतिरादित्य सिंधिया चुनाव अभियान समिति के अध्यक्ष थे। सिंधिया अपनी ज़बरदस्त ऊर्जा और जोश के लिए काँग्रेस में जाने जाते हैं। सिंधिया ने पहले संभागीय मुख्यालयों पर अपने दौरे किए, जहाँ सभाएँ तो करते ही, राउंड टेबल बैठक कर विभिन्न समाज के लोगों से मुलाक़ातें भी करते। सिंधिया ने संभागों के बाद जिला मुख्यालयों पर भी सभाएँ कीं, और काँग्रेस के पक्ष में माहौल बनाया। सिंधिया ने क़रीब 31 जिलों में अस्सी से ज्यादा सभाएँ और रोड शो किए। सिंधिया ने अपने प्रभाव वाले इलाक़ों ग्वालियर-चंबल और फिर मालवा में जमकर रैलियाँ कीं और काँग्रेस को मुक़ाबले में ला दिया। सिंधिया ज़बरदस्त ऊर्जा से भरे नेता हैं। ढेर सारी रैलियाँ और उनमें जनता को पसंद आने वाले लच्छेदार और रोचक भाषण देने में वे काँग्रेस के एकमात्र नेता हैं, जो शिवराज को टक्कर देते लगते थे, इसलिए उनको सुनने लोग आते और सभाओं में कहते मिलते कि यदि इनको मुख्यमंत्री पद का प्रत्याशी बना दे, तो काँग्रेस की वापसी तय मानिए। सिंधिया समर्थक रैलियों में नारे भी लगाते कि अबकी बार सिंधिया सरकार, मगर काँग्रेस ने अंत तक अपनी रणनीति नहीं बदली। यहाँ यह गौर करने वाली बात रही कि कमलनाथ, सिंधिया और दिग्विजय सिंह कमलनाथ के बेटे नकुल नाथ के नाम पर रजिस्टर्ड हेलिकॉप्टर से प्रचार कर रहे थे। कमलनाथ की ऐवीऐशन कंपनी ने काँग्रेस के नेताओं को प्रचार के लिए प्लेन और हेलिकॉप्टर मुहैया कराए।

## काँग्रेस में टिकट की मारामारी

इधर, काँग्रेस में नेताओं के प्रचार जारी थे, तो वहाँ भोपाल में उम्मीदवारों के चयन की मशक्क़त हो रही थी। पहली बार स्क्रीनिंग कमेटी के सदस्य भोपाल आए और उम्मीदवारी के वास्ते 230 सीटों के लिए आए साढ़े तीन

हज़ार आवेदनों पर विचार किया। कुछ प्रत्याशियों के इंटरव्यू भी किए, यह काँग्रेस में पहली बार हुआ कि आवेदन जाँचने वाली कमेटी के लोग दिल्ली से भोपाल आए। टिकट के लिए आवेदन करने वाले कार्यकर्ताओं से पहले पचास हज़ार रुपये का चेक भी माँगा गया था, कहा गया कि इससे गर्दिश में चल रही पार्टी की हालत ठीक होगी, मगर कुछ बड़े नेताओं के विरोध के बाद पार्टी को अपना यह आदेश वापस लेना पड़ा और जिन लोगों से पचास हज़ार रुपये लिए गए थे, वे उनको लौटाए भी गए। टिकट बँटवारे के लिए भोपाल में पहले नामों की स्क्रूटनी की गई, उसके बाद बचे नामों पर दिल्ली में काँग्रेस की चुनाव समिति की बैठक में चर्चा हुई। मज़े की बात यह रही कि दिल्ली में जब नामों पर चर्चा हो रही थी, तो काँग्रेस के सारे टिकटार्थी अपने समर्थकों के साथ दिल्ली में डेरा डाल कर बैठे थे। इन टिकटार्थियों का रोज़ का कार्यक्रम तय था कि सबसे पहले होटल से निकल कर पहले अपने बड़े नेता के घर उसको चेहरा दिखाना, उससे आते-जाते में अपने को टिकट देने की सिफ़ारिश करना और उसके बाद अकबर रोड पर काँग्रेस दफ़्तर में बैठक कक्ष के बाहर समर्थकों के साथ वक़्त बिताना। जहाँ काँग्रेस के टिकटार्थी दिल्ली में टिकट की जुगाड़ में जुटे थे, उन दिनों बीजेपी के कार्यकर्ता पार्टी के पक्ष में माहौल बना रहे थे। टिकट बाँटने का आधार सर्वे तो रहा ही, बाक़ी नेताओं ने अपने समर्थकों को टिकट दिलाने के लिए दाँव-पेंच भी ख़ूब चले।

## काँग्रेस कहाँ करे प्रचार

चुनावी टिकट के लिए काँग्रेस के सामने आ रहे ढेर सारे आवेदनों के बाद पार्टी नेताओं को भी पार्टी के पक्ष में बह रही हवा का अंदाज़ा होने लगा था, मगर बड़ा सवाल यही था कि काँग्रेस के पक्ष में बह रही हवा को कैसे वोटों में बदला जाए। इसका एकमात्र उपाय बेहतर प्रचार अभियान ही था, जो काँग्रेस की विजय सुनिश्चित करे। प्रदेश में काँग्रेस के प्रचार का ज़िम्मा गुजरात की निक्सन कंपनी को सौंपा गया। गुजरात के वरिष्ठ काँग्रेसी नेता सिद्धार्थ पटेल प्रचार अभियान और उस पर होने वाले ख़र्चे की निगरानी रख रहे थे। प्रदेश के सभी अख़बारों में बीजेपी के रोज़ आ रहे बड़े-बड़े विज्ञापनों के आगे काँग्रेस के विज्ञापन किसी बौने से कम नहीं थे। दरअसल, बीजेपी ने काँग्रेस को अख़बारों में जगह पाने में भी पसीना ला दिया था। रक्षाबंधन

के बाद से ही अख़बारों में विज्ञापनों के लिए जगह ख़रीद ली गई थी। ऐसे में प्रचार के लिए अख़बारों में काँग्रेस को जगह मिलनी मुश्किल हो रही थी।

वैसे भी बीजेपी के विशालकाय विज्ञापनों के आगे काँग्रेस के विज्ञापन छोटे होते थे, जिनमें सीधी-सादी बात लिखी होती थी। काँग्रेस के शुरुआती विज्ञापन पहले काले बैकग्राउंड में आए, मगर आलोचना होने पर विज्ञापनों का रंग सफ़ेद और सादा किया गया। विज्ञापनों में राहुल, सोनिया गाँधी की फ़ोटो के अलावा वचन-पत्र के वादे ही लिखे होते थे। रचनात्मकता और तड़क-भड़क इन विज्ञापनों में सिरे से ग़ायब थी। अख़बारों के अलावा टीवी चैनल और एफ़एम रेडियो पर नए-नए जिंगल बना कर डाले गए। एआईसीसी की ओर से दिया गया स्लोगन *वक़्त है बदलाव का* अपीलिंग था, मगर इसके साथ ही प्रदेश काँग्रेस कमेटी ने विज्ञापन अभियान *गुस्सा आता है* चलाया, जो बहुत हिट रहा। इसे भोपाल की कंपनी ने ही स्थानीय कलाकारों की मदद से बनाया था। दोनों पार्टियों ने विज्ञापन देने में राष्ट्रीय अख़बारों और चैनलों से दूरी रखी, तो ऐसे में राष्ट्रीय समाचार चैनलों ने भोपाल में आकर चुनाव के कार्यक्रम अलग-अलग नामों से किए, जिनमें दोनों पार्टियों के नेता आए और पार्टी के पक्ष में माहौल बनाया। वैसे बीजेपी के विशाल बजट वाले चुनाव प्रचार अभियान का मुक़ाबला काँग्रेस दो से पाँच करोड़ रुपये के तय ख़र्चे के बीच में ही कर रही थी। इसलिए काँग्रेस के अभियान में फ़िज़ूलखर्ची और पैसों की बर्बादी से बचा गया। काँग्रेस के पक्ष में यही बात रही कि जैसे ही उसने अपना अभियान *विज्ञापनों वाली सरकार* के रूप में बीजेपी सरकार पर प्रहार करते हुए शुरू किया, वैसे ही बीजेपी ने अपना प्रचार अभियान तेज़ कर दिया, इससे काँग्रेस की बात सही साबित हुई और यह बात जनता के गले उतरी कि यह वाक़ई विज्ञापनों वाली सरकार है। भोपाल के एक अख़बार के चार से पाँच पेज पर बीजेपी के विज्ञापन दिख जाते थे, तो उसी अख़बार में काँग्रेस के इकलौते विज्ञापन को तलाशना पड़ता था।

## काँग्रेस का वार रूम

पंद्रह साल सत्ता से दूर रही काँग्रेस ने इस बार न केवल मैदान पर चुनाव लड़ने की बेहतर रणनीति बनाई, बल्कि तकनीकी साधनों का इस्तेमाल कर बीजेपी को शिकस्त देने की योजना बनाई। काँग्रेस ने कमलनाथ के आने के

बाद कुछ दिन पहले ही अपना आईटी सेल बनाया और उसका जिला स्तर तक क़विस्तार कर दिया। पीसीसी दफ़्तर में ही आईटी सेल ने दफ़्तर बनाकर सोशल मीडिया पर काम शुरू कर दिया। आईटी टीम का दावा था कि उन्होंने बीस दिन में छह हज़ार लोगों को जोड़ कर उनको पार्टी के काम में लगा दिया है। इसमें वाट्सअप ग्रुप्स और सोशल मीडिया की मदद ली गई। सोशल मीडिया का काम करने वालों को *राहुल के सिपाही* कहा गया। इन युवाओं की सोशल मीडिया टीम की ओर से बीजेपी के प्रचार अभियान का जवाब तो दिया ही जा रहा था, साथ ही भोपाल के पत्रकारों और अख़बारों की सरकार विरोधी ख़बरों को फ़ालो कर ट्वीटर पर रिट्वीट करने का काम भी ज़ोरों से किया गया। कमलनाथ और शिवराज के छोटे-छोटे फ़िल्मी वीडियो भी इस बार दोनों पार्टियों की ओर से बनाए गए, जो न्यूज़ चैनल पर जगह पाते रहे। यह काम भी आईटी टीम से जुड़े लोगों ने ही किया। कॉंग्रेस पार्टी ने इस बार एक नया प्रयोग भोपाल में पहली बार किया, यह प्रयोग था चुनाव के दौरान किसी भी प्रकार की अचानक आई परिस्थिति से निपटने के लिए वार रूम तैयार करने का। वीआईपी रोड के एक बंगले में बने इस वार रूम में कुछ कंप्यूटर प्रोफेशनल्स, कुछ विधि विशेषज्ञ और मीडिया की समझ रखने वाले कुछ लोग हर वक़्त मौजूद रहते थे। मीडिया में क्या चल रहा है, इस पर नज़र रखने के साथ ही पार्टी को नुक़सान पहुँचाने वाली ख़बरों से कैसे निपटा जाए, यह रणनीति तुरत-फुरत यहीं पर बनती थी। चुनाव में पर्चा भरने से लेकर जीत का प्रमाण-पत्र लेने तक इस वार रूम से कॉंग्रेस के उम्मीदवारों को हर प्रकार की मदद मिलती रही। इसी वार रूम ने इस बार हर उम्मीदवार को टिकट मिलने के साथ ही संबंधित विधानसभा सीट की सारी जानकारियाँ एक बडी फ़ाइल और पेन ड्राइव में संजो कर दीं, इसमें मतदाता सूची और मतदान केंद्रों का पूरा ब्योरा तक रहता था।

## कड़की में कॉंग्रेस

तंगी कुी इस हालत में भी पार्टी ने अपने सभी को तो नहीं, मगर क़रीब डेढ़ सौ प्रत्याशियों को चुनाव लड़ने के लिए बीस-बीस लाख रुपये दिए। जो सामर्थ्यवान उम्मीदवार थे, उनको पार्टी ने पैसा नहीं दिया। इस बार चुनाव मैदान में उतरे लोगों को पार्टी ने अपनी तरफ़ से प्रचार सामग्री भी नहीं दी

और स्थानीय स्तर पर इसे तैयार कराने को कहा गया। चुनाव जीतने में कोई कसर न रह जाए, इसके लिए भोपाल में काँग्रेस दफ़्तर का वास्तु दोष भी ठीक कराया गया। इंदिरा भवन के तहख़ाने को दीवार उठाकर बंद किया गया और पार्टी के नेताओं की मानें, तो इसी के बाद काँग्रेस को लेकर प्रदेश में सकारात्मक माहौल बनने लगा।

# 6

# और वक़्त बदल गया

दिसंबर 11, 2018 की तारीख़, रात के साढ़े बारह बजने को है, भोपाल में रात गहराती जा रही है, मगर लिंक रोड, एक से सटे शिवाजी नगर के तीन मंज़िला काँग्रेस मुख्यालय में रात का कोई असर नहीं दिख रहा है। पूरा स्टाफ और मध्यप्रदेश काँग्रेस के सारे बड़े नेता इस भवन में मौजूद हैं और प्रदेश के जिला मुख्यालयों में चल रही वोटों की गिनती में पल-पल बदल रही तसवीर पर नज़र रखे हैं। काँग्रेस का चुनाव के लिए बनाया गया वार रूम अब इस भवन की तीसरी मंज़िल के काँफ्रेंस हॉल में ही चल रहा है। यहाँ ढेर सारे लोग लैपटॉप पर चल रही चुनाव आयोग की साइट पर उछल रहे आँकड़े और सामने प्रोजेक्टर पर चल रहे टीवी स्क्रीन पर निगाह गढ़ाए बैठे हैं। इस काँफ्रेंस हॉल से ही जुड़े पार्टी अध्यक्ष के चैंबर के सोफों पर पार्टी के कुछ नेता चिंतित बैठे हैं, तो यहीं के ऐंटी चैंबर में काँग्रेस के तीनों बड़े नेता कमलनाथ, दिग्विजय सिंह और ज्योतिरादित्य सिंधिया हैं, जो मोबाइल फ़ोन पर लगातार व्यस्त हैं। उनके फ़ोन पर रह-रह कर घंटियाँ बज रही हैं। पल-पल बदल रहे हालात में काँग्रेस की लगातार बढ़ रही सीटें इन नेताओं को थोड़ी देर के लिए ख़ुशी तो देती हैं, मगर अगले ही क्षण ये तीनों दूसरी अटकी या उन सीटों की चिंता में डूब जाते, जहाँ परिणाम फँसा हुआ होता।

## कमलनाथ के फ़ोन कलेक्टरों को

चुनाव प्रक्रिया के दौरान आमतौर पर सरकारी मशीनरी सरकार के पक्ष में ही चलती है, इसलिए चुनाव सभाओं में और कभी-कभी प्रेस कॉन्फ्रेंस में कमलनाथ सरकारी अफ़सरों को आगाह करते रहते थे कि नवंबर के बाद दिसंबर भी आएगा, यानी नबंवर में भले ही शिवराज की सरकार हो, लेकिन दिसंबर में काँग्रेस की सरकार बनेगी, इसलिए अफ़सर निष्पक्ष होकर काम करें, मगर मतगणना के दिन काँग्रेस के नेताओं ने सरकार के पक्ष में खड़ी होने वाली सरकारी मशीनरी से निपटने के लिए सख्त रणनीति बनाई। जिन जगहों के चुनाव परिणाम घोषित नहीं हो पा रहे थे, या उनके परिणाम आने में देरी हो रही थी, वहाँ ये तीनों बड़े नेता थोड़ी-थोड़ी देर में कलेक्टर को फ़ोन करते और अपने अंदाज़ में परिणाम आने में हो रही देरी का कारण पूछते या परिणाम आ गया है, तो जल्दी से जल्दी काँग्रेस प्रत्याशी को जीत का प्रमाण-पत्र देने के लिए ज़ोर डालते। कभी दिग्विजय सिंह कलेक्टर को फ़ोन करते, तो कभी कमलनाथ कलेक्टर से सीधे बात करते। उम्मीदवार को जीत का प्रमाण-पत्र मिलने के बाद ही माना जाता है कि सीट पार्टी के पाले में आ गई, वरना जीतने और परिणाम घोषित होने तक कई बार हालात बदल जाते हैं। इसलिए इन वरिष्ठ नेताओं का ज़ोर अपने उम्मीदवारों पर कलेक्टर से सर्टिफिकेट लेने पर रहता। इस बीच, इनके मोबाइल फ़ोन्स पर जिलेभर से कार्यकर्ताओं के फ़ोन भी लगातार आ रहे थे।

कार्यकर्ता कभी प्रशासन की मनमानी की शिकायत करते, तो कभी जीतने और हारने की सूचना भी देते। बीच-बीच में सिंधिया ऐंटी चैंबर से निकल कर जीते प्रत्याशी को ख़ुश होकर बधाई देते। इस प्रकार यह पहला मौक़ा था, जब भोपाल में ये तीनों दिग्गज नेता एक साथ, एक छत के नीचे इतना वक़्त बिता रहे थे। आपस में खिंचे-खिंचे रहने वाले ये तीनों नेता हँसी-मज़ाक़ और चुनाव परिणामों के तनाव को दूर करने चाय कॉफ़ी भी लगातार ले रहे थे।

## बहुमत के पास आकर अटकी काँग्रेस

वैसे भी ऐसे हालत पहले कभी नहीं बने थे। पंद्रह साल के वनवास के बाद काँग्रेस अब बीजेपी को हरा कर सरकार बनाने के क़रीब खड़ी थी। सारे

टीवी चैनलों पर विधानसभा के जो परिणाम दिखाए जा रहे थे, उनमें बढ़त और परिणाम के अलग-अलग कॉलम थे। तीसरी मंज़िल पर मौजूद काँग्रेस के हर नेता की चाहत बढ़त वाली सीटों को परिणाम वाली सीटों में बदलते देखना थी। मगर जब जो चाहते हैं, वह आसानी से कहाँ होता है, बहुमत के आँकड़े तक पहुँचते-पहुँचते काँग्रेस हाँफ गई और जीत के पास आकर अटक गई। मध्यप्रदेश में 230 सदस्यों वाली विधानसभा में बहुमत का जादुई आँकड़ा 116 का है, मगर यह क्या देर रात तक काँग्रेस 112 सीटों पर, तो बीजेपी 109 पर अटक गई। दो जगहों पर मतगणना तनातनी के बीच तड़के सुबह तक चलती रही। चार निर्दलीय भी चुनावों में जीत गए थे और काँग्रेस के लिए ख़ुशी इसी बात की रही कि जीते हुए सारे निर्दलीय विधायक पार्टी के ही बाग़ी थे, जो पार्टी से टिकट नहीं मिलने पर निर्दलीय होकर लड़े और जीते। घुटना पेट की ही तरफ़ मुड़ेगा, इसलिए जीते हुए निर्दलीय विधायकों से कमलनाथ एंड कंपनी ने रात में ही बात करके उन्हें भरोसे में ले लिया था कि काँग्रेस के ही साथ जीना-मरना है, क्योंकि पंद्रह साल बाद पार्टी की सरकार बनने जा रही है। इन निर्दलीय प्रत्याशियों के घर सुबह किसको जाना है और उनको भोपाल लेकर आने की ज़िम्मेदारी रात में ही काँग्रेस के नवनिर्वाचित विधायकों या जिले के बड़े नेता को दे दी गई थी।

## इंदिरा भवन में पंद्रह साल बाद रौनक़

भोपाल के लिंक रोड, एक के किनारे शिवाजी नगर में बने काँग्रेस दफ़्तर पर ऐसी रौनक़ कई सालों बाद दिख रही थी। दोपहर से लगातार नारेबाज़ी, ढोल-ढमाकों के बीच पटाखे फूट रहे थे। कार्यकर्ताओं का उत्साह कम होने का नाम ही नहीं ले रहा था। कभी सिंधिया, तो कभी कमलनाथ के पोस्टर थामे कार्यकर्ता आ जाते हैं और मीडिया के कैमरों के सामने अपनी ख़ुशी का पुरजोर तरीक़े से इज़हार करते हैं। काँग्रेस दफ़्तर के बाहर ख़ुशी में झूमते कार्यकर्ता हैं, तो नीचे के तल पर मीडिया की भीड़ है।

मीडिया किसी भी तरह काँग्रेस के बड़े नेताओं से मिलकर उनकी प्रतिक्रिया जानने को बेताब है और पूछना चाहता है कि इतने क़रीब आकर क्यों अटके? मगर काँग्रेस के सारे बड़े दिग्गज तीसरी मंज़िल पर हैं और वहाँ तक जाने वाले दरवाज़े सबके लिए बंद हैं। कहते हैं दूध का जला, छाछ

भी फूँक-फूँक कर पीता है, इसलिए पुरानी गलतियाँ नहीं दोहराते हुए काँग्रेस के नेताओं ने रात में दो बजे ही राज्यपाल को फ़ैक्स करके सरकार बनाने का दावा पेश करने का वक़्त माँग लिया था, जिसका जवाब भी राज्यपाल की ओर से आ गया था कि अभी कई जगहों पर मतगणना चल रही है, इसलिए सुबह ही इस बारे में चर्चा की जाएगी।

## तड़के सुबह की प्रेस वार्ता

यह शायद पहली बार ही हुआ होगा कि तड़के ढाई बजे काँग्रेस दफ़्तर इंदिरा भवन के राजीव गाँधी सभागार में पत्रकार वार्ता हुई, जिसमें कमलनाथ ने सिंधिया और दिग्विजय सिंह के साथ मीडिया के सामने दावा किया कि हम सरकार बनाने जा रहे हैं। काँग्रेस पार्टी के पास पूरा बहुमत है, सारे निर्दलीय काँग्रेस के लोग हैं, उन सबने पार्टी को समर्थन देने का वादा किया है, इसलिए 116 के आँकड़े को आसानी से पा लिया जाएगा। बस, इतना संदेश देकर पार्टी नेता ज़बरदस्त नारेबाज़ी के बीच बिना किसी सवाल का जवाब दिए अपने-अपने बंगलों की ओर रवाना हो गए और निश्चित ही जब ये नेता सोये होंगे, तो उनकी आँखों में अपनी सरकार बनने के सपने तो आए ही होंगे। अगले दिन सुबह का अंतिम परिणाम था : कुल सीटें 230, काँग्रेस ने जीतीं 114, तो बीजेपी 109 पर अटक गई, निर्दलीय चार, दो बीएसपी और एक सपा के हिस्से में आई। बीजेपी को 41 प्रतिशत वोट मिले, तो काँग्रेस को उससे थोड़े कम यानी 40.9 प्रतिशत वोट मिले, मगर वोट प्रतिशत कम होने के बाद भी सीटें ज़्यादा पाकर काँग्रेस सरकार बनाने की दौड़ में आगे निकल गई, हालाँकि बहुमत के आँकड़े को छू न सकी।

## शिवराज का कठिन फ़ैसला

उधर, जब लोग सुबह के अख़बार पढ़कर रातभर हुई मतगणना के परिणाम जान रहे थे, तो भोपाल के बंगला नंबर छह, श्यामला हिल्स में मुख्यमंत्री निवास पर पिछले तेरह साल से प्रदेश के इस सबसे ख़ास बंगले में रहने वाले शिवराज सिंह चौहान अपनी ज़िंदगी का सबसे कठिन फ़ैसला लेने जा रहे थे। नौ बजे तक वे तय कर चुके थे और उन्होंने ट्वीट कर बताया कि वे अब मुख्यमंत्री पद छोड़ रहे हैं और राज्यपाल को इस्तीफ़ा देने

जा रहे हैं। इस एक ट्वीट ने बीजेपी में हड़कंप मचा दिया, बीजेपी नेताओं ने उनको रोकने की कोशिश की और सरकार बनाने के गणित समझाए, मगर शिवराज अडिग रहे।

थोड़ी देर बाद ही भोपाल के राजभवन पर ग़ज़ब नज़ारा था। राजभवन के निकास द्वार से राज्यपाल आनंदी बेन को इस्तीफ़ा देकर निवर्तमान मुख्यमंत्री शिवराज सिंह निकल रहे थे, तो दूसरी ओर बने प्रवेश द्वार से कमलनाथ के साथ काँग्रेस नेताओं का प्रतिनिधिमंडल राज्यपाल के सामने सरकार बनाने का दावा पेश करने अंदर जा रहा था। शिवराज सिंह ने राजभवन के बाहर खड़े मीडिया से कहा, "बीजेपी की हार की ज़िम्मेदारी सिर्फ़ मेरी है, इसलिए मैंने राज्यपाल को इस्तीफ़ा सौंप दिया है और *नाउ आई एम फ्री (अब मैं पूरी तरह स्वतंत्र हूँ)*।" शिवराज सिंह की आत्मस्वीकारोक्ति वाले इस बयान के साथ ही मध्यप्रदेश में पिछले पंद्रह साल से चल रहे बीजेपी के शासन का अंत हो गया। 2018 के विधानसभा चुनावों में वह हो गया, जो पिछले तीन चुनावों में नहीं हुआ था : बीजेपी का सत्ता से हटना और काँग्रेस की सरकार में वापसी। यदि इस मौक़े पर पिछले तीन चुनावों में अपराजेय बीजेपी के पिछड़ने और सत्ता गँवाने के कारणों को खंगालें, तो कुछ ये बातें सामने आती हैं।

## शिवराज फ़ैक्टर

मध्यप्रदेश विधानसभा के चुनावों को बहुत क़रीब से देखने वाले एक जानकार का यह बयान बहुत सटीक लगता है कि यदि इन चुनावों में बीजेपी 109 सीटों तक आई है, तो शिवराज सिंह की बदौलत और यदि 109 से आगे नहीं बढ़ पाई है, तो शिवराज सिंह के कारण। पिछले तेरह सालों से मुख्यमंत्री का पद सँभाल रहे शिवराज सिंह चौहान इन चुनावों में बड़ा मुद्दा थे। बीजेपी आलाकमान ने चुनाव के पहले बहुत मशक्क़त की, बहुत सारे सर्वे कराए, प्रचार अभियान पर क़ब्ज़ा किया और चुनाव प्रक्रिया, ख़ासकर उम्मीदवारों के चयन में दख़ल देने की कोशिश की, मगर जैसा कि होता है कि शिवराज की लोकप्रियता, उनकी मेहनत और उनके चुनाव प्रेम को देखते हुए हथियार डाल दिए और आख़िर में पूरा चुनाव शिवराज सिंह के भरोसे छोड़ दिया। यह पूरा चुनाव शिवराज ने अपने बूते पर लड़ा और यही वजह रही कि हार के बाद की पहली पत्रकार वार्ता में उन्होंने कहा कि बीजेपी की हार के

तीन कारण हैं, पहला कारण शिवराज सिंह, दूसरा कारण शिवराज सिंह और तीसरा कारण भी शिवराज सिंह ही है।

शिवराज की लगातार एक जैसी काम करने की शैली, लगातार दौरे और उन दौरों में बड़ी-बड़ी हवाई घोषणाएँ इससे जनता ऊबने लगी थी। पिछले पंद्रह सालों में सड़क, पानी और बिजली की हालत प्रदेश में ठीक हुई थी, मगर रोज़गार और खेती की हालत ख़राब होने लगी थी। सरकारी योजनाओं के क्रियान्वयन की हालत ख़स्ता थी। सारी सरकारी मशीनरी अपने काम-धाम छोड़ कर मुख्यमंत्री की सभाओं में भीड़ इकट्ठी करने में लगी रहती थी, जिससे मंत्रालय से लेकर सचिवालयों और जिले के दफ़्तरों के कामकाज पर असर पड़ रहा था। सरकारी दफ़्तरों में भ्रष्टाचार अब खुलकर होने लगा था।

राजस्व विभाग के छोटे-छोटे काम बिना पैसे लिए-दिए नहीं होते थे। इससे सरकार के ख़िलाफ़ आम जनता में ऐसा गुस्सा पनपा, जो शिवराज सिंह की सरकार को चुनाव के दौरान हार के रूप में झेलना पड़ा। पदोन्नति में आरक्षण देने को लेकर भोपाल में हुई एक सभा में शिवराज सिंह ने कहा था, "जब तक मैं ज़िंदा हूँ, कोई माई का लाल आरक्षण हटा नहीं सकता।" *माई का लाल* वाले इस बयान से पहले से ही सुलगे बैठे सवर्ण समाज की नाराज़गी भड़क उठी। चुनाव के वक़्त आरक्षण के विरोध में सपाक्स समाज पार्टी भी बनी थी, जिसने इस बयान को खूब फैलाया। गर्वोक्ति वाला ऐसा बयान शिवराज के व्यवहार से मेल नहीं खाता था, मगर यह बयान मुद्दा बन चुका था, जिसने शिवराज की छवि तोड़ी और बीजेपी को नुक़सान पहुँचाया। चुनाव हारने के बाद जिस दिन शिवराज मुख्यमंत्री निवास छोड़ रहे थे, तब इस किताब के लेखक के सामने शिवराज सिंह ने माना था कि इस कार्यकाल में दौरों, यात्राओं की अति व्यस्तता भारी पड़ी और सरकारी योजनाओं का क्रियान्वयन और उनकी निगरानी का काम ठीक से हो नहीं पाया। विज्ञापनों में दिखने वाली चमकदार सरकारी योजनाएँ भी धरातल पर बेरंग हो गई थीं।


## तेरह मंत्रियों की हार भारी पड़ी

मध्यप्रदेश में बीजेपी की चौथी बार सरकार बनाने की आख़िरी संभावना, तब टूट गई, जब देर रात हुई मतगणना में तीन मंत्री – दमोह से जयंत मलैया,

ग्वालियर से नारायण कुशवाहा और जबलपुर से शरद जैन बहुत कम अंतर से हार गए। इस तरीक़े से शिवराज मंत्रिमंडल के हारने वाले मंत्रियों की संख्या बढ़कर हो गई तेरह। मंत्रियों के ख़िलाफ़ इन चुनावों में पहले से ही बहुत असंतोष देखा जा रहा था। इन मंत्रियों के टिकट काटने की सिफारिश शिवराज से संगठन ने की थी, मगर न तो इनके टिकट कटे और न ही इनके टिकट दूसरी विधानसभा क्षेत्र में उतार कर बदले गए। नतीजा यह हुआ कि तेरह मंत्री तो हारे और जो मंत्री जीते, वे भी बहुत कम अंतर से अपनी सीटें बचा पाए। अकेले भूपेंद्र सिंह ऐसे मंत्री रहे, जिन्होंने अपनी जीत का अंतर छह से अठारह हज़ार बढ़ाया। सरकार जाने का अफ़सोस करते-करते शिवराज ने एक दो बार पत्रकारों से कहा भी कि यदि हमारे दो-तीन मंत्री और जीत जाते, तो सरकार नहीं जाती। इस चुनाव में बीजेपी और काँग्रेस के कई ऐसे नेताओं को हार का सामना करना पड़ता, जिसकी कल्पना ही चुनाव के पहले कोई नहीं कर सकता था। मगर इन मंत्रियों ने पंद्रह साल में जो बोया था, वो पार्टी को काटना पड़ा। कद्दावर मंत्रियों की हार सरकार को भारी पड़ी और क़रीब आकर भी बीजेपी बहुमत नहीं पा सकी। अपने मंत्रियों का लिहाज़ करना शिवराज को भारी पड़ा। संगठन कई मंत्रियों के टिकट काटना चाहता था, मगर शिवराज ने अपने मंत्रियों की पैरवी की। किसी की उम्र का लिहाज़ करके, तो किसी की योग्यता की बात करके उन्हें चुनाव मैदान में बनाए रखा।

## बीजेपी जनप्रतिनिधियों का बोझ

मध्यप्रदेश में पिछले पंद्रह साल से बीजेपी ही सब कुछ थी। सत्ता के हर पायदान पर बीजेपी खड़ी थी, फिर चाहे बीजेपी की सरकार हो, बीजेपी के मंत्री हों, बीजेपी के ही विधायक और सांसद हों। बीजेपी के ही मेयर और बीजेपी के ही पार्षद और जिला और जनपद पंचायतों के सदस्य। जनप्रतिनिधियों के इन तमाम पदों में से ज़्यादातर पर बीजेपी के नेता और कार्यकर्ता ही सवार थे। ऐसे में सरकारी योजनाओं की असफलताओं, उनसे जुड़े भ्रष्टाचार के लिए जनता बीजेपी को ज़िम्मेदार मान रही थी और पूरे प्रदेश में बड़ा विरोध बीजेपी के ख़िलाफ़ ही पनप रहा था। जनता की बहुत उम्मीदें बीजेपी से थीं और स्वाभाविक है कि ये सारी उम्मीदें पूरी नहीं की जा सकतीं, ऐसे में सत्ता पर क़ाबिज़ बीजेपी के नेताओं के ख़िलाफ़ बीजेपी

के कार्यकर्ताओं की नाराज़गी तो उभरी ही, जनता में भी बीजेपी को लेकर रोष बढ़ने लगा था। बीजेपी के चुनावी रणनीतिकारों को भी मालूम था कि यह बड़ा बोझ लेकर वे चुनावों में उतरेंगे। बीजेपी के ख़िलाफ़ पनप रही एंटी इन्कम्बेंसी या सत्ता विरोधी लहर का सामना कैसे करेंगे, इसका प्रभावी जवाब किसी को नहीं सूझ रहा था। बीजेपी की सत्ता और उसके संगठन से जुड़े लोगों के ख़िलाफ़ नाराज़गी इन पंद्रह सालों में लगातार बढ़ती रही। और इस नाराज़गी का हश्र यह हुआ कि बीजेपी सरकार की विदाई हो गई।

## टिकटों का ग़लत बँटवारा

चुनाव शुरू होने से डेढ़ साल पहले से ही मुख्यमंत्री शिवराज सिंह अपने विधायकों को विधायक दल की बैठकों में उनके ख़िलाफ़ पनप रहे जनविरोध से आगाह करते रहते थे। विधायकों से जनता और कार्यकर्ता के साथ अपना व्यवहार सुधारने को कहते थे। बैठकों में मौजूद संगठन के नेता विधायकों को बड़े पैमाने पर टिकट कटने का भय भी दिखाते थे। विधायकों का प्रदर्शन परखने के लिए शिवराज अपने स्तर पर हर छह महीने में सर्वे कराते थे, और चुनाव के कुछ महीनों पहले तक यह तय हो गया था कि यदि बीजेपी को वापस सत्ता में लाना है, तो बड़े पैमाने पर विधायकों के टिकट बदलने होंगे। सर्वे करने वाली एजेंसियाँ, जिनमें बीजेपी के अध्यक्ष अमित शाह की एजेंसी और शिवराज सिंह की एजेंसी के मुताबिक़ तय हुआ था कि क़रीब अस्सी विधायकों के टिकट काटे जाएँ, मगर तमाम विरोध के बावजूद सिर्फ़ 43 विधायकों के ही टिकट काटे या बदले गए। टिकट कड़ाई से नहीं बदलने के पीछे भी शिवराज सिंह का यही तर्क था कि जिनको टिकट नहीं मिलेगा, वे बाग़ी बनकर चुनाव लड़ेंगे और ऐसे में इन बाग़ियों को मनाने में ताक़त ख़र्च करने से अच्छा है, उनको चुनाव लड़ाया जाए और उनके जीतने के लिए ऊर्जा लगाई जाए, मगर टिकट बँटवारे में कई ऐसी कमजोरियाँ रहीं कि पार्टी ने चेहरे नहीं बदले और जनता ने घिसे-पिटे पुराने चेहरों को हराकर ही दम लिया। चुनाव के दौरान दूर-दराज के इलाक़ों में हमें यह जुमला अक्सर सुनने मिला कि पूरे प्रदेश में तो बीजेपी का माहौल है, इस बार भी, मगर हमारा विधायक तो भाईसाब हार रहा है, पर बीजेपी बाक़ी जगहों से जीत रही है। विधायकों की टिकट काटने की जगह उनके टिकट अदला-बदली करने का काम भी बीजेपी अच्छे से नहीं कर पाई। यह अब सभी मानते हैं कि भोपाल

में ही दो सीटों का परिणाम बदल जाता, यदि उनके प्रत्याशी आपस में बदल गए होते। भोपाल उत्तर-पश्चिम के विधायक उमाशंकर गुप्ता को भोपाल-मध्य के विधायक सुरेंद्र सिंह से बदल दिया गया होता, तो ये दोनों सीटें पार्टी जीत जाती, क्योंकि यहाँ पर मतदाताओं की नाराज़गी बीजेपी से नहीं, बल्कि उम्मीदवार से थी। मगर बीजेपी जानते हुए भी यह बदलाव नहीं कर सकी। बीजेपी की चुनाव प्रक्रिया से गहराई तक जुड़े एक वरिष्ठ नेता ने चुनाव के बाद माना कि हमने टिकट वितरण में बहुत गड़बड़ियाँ कीं। ज़मीनी सच्चाई की जगह नेताओं की पसंद को तरज़ीह दी, इसलिए ऐसा परिणाम आया।

## बीजेपी का बाग़ी फ़ैक्टर

इस चुनाव में बीजेपी के बाग़ी या विद्रोही उम्मीदवारों ने पार्टी की लुटिया डुबोने में कोई कसर नहीं छोड़ी। हर चुनाव में टिकट बँटवारे के बाद बाग़ियों को मनाकर चुनाव मैदान से हटाने का पार्टी में मज़बूत तंत्र होता था, जिसमें आरएसएस से आए संगठन मंत्री बड़ी भूमिका निभाते थे, मगर पिछले पंद्रह साल में यह तंत्र भी भ्रष्ट होकर कमज़ोर हो गया और इस बार काम नहीं आया। पार्टी से जुड़े कई बड़े नेताओं ने बग़ावत कर चुनाव लड़ा और पार्टी के अधिकृत उम्मीदवार की हार का कारण बने। शिवराज सरकार के कई मंत्री बाग़ियों के वोट बाँटने के कारण हार का शिकार हुए। बुंदेलखंड विकास प्राधिकरण के नेता पूर्व सांसद और शिवराज सरकार में पूर्व मंत्री रामकृष्ण कुसमारिया दमोह और हटा से चुनाव लड़ने चले, तो उनको मनाने और नाम वापस लेने के लिए बीजेपी उपाध्यक्ष प्रभात झा हेलिकॉप्टर से दमोह पहुँचे रामकृष्ण कुसमारिया को मनाने पर, वे मिले ही नहीं। नतीजा यह हुआ कि कुसमारिया ने बुंदेलखंड की तीन सीटों के समीकरण बिगाड़ दिए। बीजेपी युवा मोर्चा के पूर्व अध्यक्ष धीरज पटेरिया बग़ावत कर जबलपुर की उत्तर-मध्य सीट से चुनाव मैदान में उतरे और जब उनको मनाने पार्टी के प्रदेश अध्यक्ष राकेश सिंह पहुँचे, तो पटेरिया ने दो-टूक कह दिया, "दादा आपका छोटा भाई हूँ, चुनाव से हटने के अलावा जो बात कहोगे, मानूँगा।" पटेरिया नहीं हटे। पार्टी ने यह सीट गँवाई। आलाकमान की बात नहीं मानने पर बीजेपी ने क़रीब 48 बाग़ियों को पार्टी की प्राथमिक सदस्यता से हटाया था। ये सारे बाग़ी थे, जिनको अंत तक नहीं मनाया जा सका।

## अनियंत्रित और अति प्रचार

बीजेपी ने इस विधानसभा चुनाव के लिए ज़ोरदार तैयारी की थी। काफ़ी पहले से ही बीजेपी की टीमें अलग-अलग तरीक़े से प्रचार के काम में जुट गई थीं। चुनाव के कुछ दिनों पहले से ही राष्ट्रीय पत्रिकाओं और प्रादेशिक अख़बारों में पूरे पन्ने वाले शिवराज सरकार के विज्ञापनों के जैकेट लगाए जाने लगे थे।

सोशल मीडिया की अनेक छोटी-बड़ी कंपनियों ने सरकार के पक्ष में माहौल बनाना शुरू कर दिया था। मुंबई की फिल्म मेकिंग कंपनियाँ शिवराज की *नर्मदा यात्रा* से लेकर *जन आशीर्वाद यात्रा* की फिल्में बना रही थीं, मगर मुंबई, दिल्ली और अहमदाबाद से आईं इन प्रचार टीमों ने चुनाव प्रचार का व्याकरण बदल दिया। कंपनियों पर आधारित इस चुनाव ने कार्यकर्ताओं को घर बैठाने का काम किया और धंधा करने आईं ये कंपनियाँ अच्छा ख़ासा पैसा कमा कर ले गईं। कंपनियों ने सारे प्रचार अभियान इवेंट के रूप में शुरू किए और ये अभियान इवेंट जैसे ही कुछ दिन चलकर रह गए। प्रचार अभियान से जुड़े लोग उलझन में रहते थे, किसी को मालूम नहीं था कि कौन सी कंपनी किस मक़सद से आई है और क्या कर रही है। प्रचार की कोई केंद्रीकृत व्यवस्था नहीं थी, जिसके चलते प्रचार अनियंत्रित हुआ और चूंकि सरकार थी, तो फंड की कोई कमी नहीं थी, इस कारण प्रचार की भी अति ही हुई। अख़बार, टीवी चैनल्स और एफ़एम रेडियो पर अधिकतर वक़्त और जगह बीजेपी के प्रचार अभियान से ही भरी रहती थी, इस कारण काँग्रेस ने बीजेपी के ख़िलाफ़ स्लोगन ही बनाया कि *प्रचार की सरकार* और प्रचार की अति ने काँग्रेस के इस मुद्दे को जनता की नज़र में सही साबित कर दिया। बीजेपी के प्रचार तंत्र से जुड़े लोग बताते हैं कि पार्टी ने प्रचार में बिना सोच-समझे पानी की तरह पैसा बहाया। भोपाल में ही शहर से बाहर होशंगाबाद रोड पर एक होटल में मीडिया सेंटर बनाकर करोड़ों रुपये खर्च कर डाले। एक अनुमान के मुताबिक़ बीजेपी ने प्रचार पर डेढ़ सौ करोड़ से ज़्यादा रुपये ख़र्च किए, जो पिछले चुनाव से कई गुना अधिक था।

## योजनाओं की अति

मध्यप्रदेश में बीजेपी की सरकार ने तीन चुनाव आसानी से जीते और सरकार बनाई, मगर हर चुनाव किसी न किसी फ़्लैगशिप योजना के चलते जीते।

2003 में बीजेपी सरकार बनी, मगर जब 2008 के चुनाव में उतरी, तो शिवराज सरकार की लाड़ली लक्ष्मी योजना को मुद्दा बनाया और महिलाओं में इस योजना की लोकप्रियता के चलते चुनाव जीता, फिर 2013 के चुनावों में शिवराज की तीर्थ दर्शन योजना और सस्ता राशन बाँटने वाली अन्नपूर्णा योजना ने काम किया और ग़रीब जनता ने बीजेपी को फिर जिताया, मगर 2018 में ऐसी कोई योजना चल नहीं पाई। वजह यह रही कि शिवराज सिंह ने मुख्यमंत्री के तौर पर स्वयं को पाँच सालों में यात्राओं में व्यस्त रखा। पहले *नर्मदा यात्रा*, तो बाद में आदि शंकराचार्य की याद में *एकात्म यात्रा* में शिवराज सरकारी ताम-झाम के साथ प्रदेश में घूमते रहे। इसलिए जब चुनाव आए, तो आनन-फानन में संबल योजना बनाई, जिसमें ग़रीब, किसान, मज़दूरों को जोड़ा गया। संबल का कार्ड बनाने पर पुराना बिजली का बिल माफ़ और हर महीने दो सौ रुपये की बिजली और बहुत सारे फ़ायदे गिनाए गए। क़रीब दो करोड़ लोगों को इस योजना से जोड़ा गया और कार्ड बनाए गए।

शिवराज सिंह को भरोसा था कि इस योजना से लाभान्वित करोड़ों लोग उनके साथ आएँगे और उनकी सरकार को फिर चुनेंगे, मगर योजनाओं के क्रियान्वयन में कमी रही और ये योजनाएँ काग़ज़ों और अख़बारों पर ही ज़्यादा दिखीं। नतीजा यह हुआ कि उम्मीद बढ़ाकर शिवराज वादे पूरे नहीं कर पाए और जनता ने उनको भी नाउम्मीद कर दिया। किसानों को भी पुरानी फ़सल का बोनस बाँटा, तो कर्मचारियों के लिए सातवाँ वेतनमान दिया, तो शिक्षकों की भर्ती का समायोजन कर उनको सरकारी नौकरी में शामिल किया। कुल मिलाकर जुलाई से लेकर अक्टूबर तक सरकारी ख़ज़ाना खोल दिया इन ढेर सारी योजनाओं के लिए, मगर आनन-फानन में शुरू हुए ये काम असर नहीं दिखा पाए। जनता को समझ आ गया था कि चुनाव में सरकारी ख़ज़ाना लुटाया जा रहा है। बीजेपी की हार के बाद एक बड़े नेता की टिप्पणी है कि बार-बार एक जैसी खीर परोसना जनता को रास नहीं आया। शिवराज यह बात समझ न पाए।


## मोदी सरकार का बोझ

मध्यप्रदेश में 2013 के विधानसभा चुनाव में बीजेपी की भारी बढ़त में मोदी लहर का भी योगदान था। यह बात पहले बीजेपी के बड़े नेता मानते नहीं थे, मगर बाद में इस तथ्य से हामी भरने लगे थे। 2014 के लोकसभा

चुनाव में आई मोदी लहर का असर 2013 में हुए विधानसभा चुनावों में भी रहा, मगर पाँच साल बाद 2018 में मोदी लहर उतार पर थी। इन पाँच सालों में मोदी सरकार के कामकाज और योजनाओं को लेकर नाराज़गी का असर 2018 के विधानसभा चुनावों में दिखा। जीएसटी के कारण व्यापारियों की नाराज़गी, नोटबंदी के कारण अचानक बढ़ी बेरोज़गारी और फिर मोदी सरकार की नीतियों के कारण हिंदू-मुसलमानों में बढ़ती वैमनस्यता का असर शिवराज सरकार को झेलना पड़ा। पिछले चुनावों में प्रदेश के मुसलमान शिवराज की सर्वमान्य छवि के कारण बीजेपी को वोट देते रहे, मगर इस चुनाव में मुसलमान शिवराज की तारीफ़ करते हुए भी बीजेपी से पूरी तरह कट गए। व्यापारी, युवा और किसान आदि ये सारे वर्ग मोदी से नाराज़ रहे और शिवराज को चाहते हुए भी मोदी के कारण बीजेपी के विरोध में वोट किया। नतीजा वही रहा, जिसका बीजेपी नेताओं को डर तो था, मगर कह नहीं पा रहे थे। मोदी सरकार के ख़िलाफ़ पनपी नाराज़गी का बोझ शिवराज सरकार को ले डूबा। बीजेपी कई उन सीटों पर हारी, जहाँ वह हमेशा मज़बूत रही है। बीजेपी जिन स्थायी वोटरों के कारण मुसीबत के मौक़ों पर बेहतर कर जाती थी, वे परंपरागत वोट मोदी की नीतियों के कारण पार्टी से छिटक गया। बीजेपी की हमेशा नैया पार लगाने वाले व्यापारी केंद्र की व्यापार विरोधी नीतियों के चलते पार्टी को सबक़ सिखाने दूर हो गए।

## शिवराज के प्लान बी का नहीं चलना

शिवराज सिंह राजनीति के धोनी सरीखे *मिस्टर कूल* हैं, हर वक़्त परिस्थितियों को पढ़ते रहते हैं, और उनमें तेज़ी से बदलाव करते रहते हैं। जब उन्होंने चुनाव प्रचार के दौरान देखा कि उनकी कोई योजना इस बार जनता को नहीं लुभा रही है, उलटे काँग्रेस की आज़माई हुई चुनाव जीतने की बूटी किसानों की क़र्ज़ा माफ़ी धीरे-धीरे किसानों में चर्चा का विषय बन रही है, तो उन्होंने चुनावी रणनीति में बदलाव करते हुए प्लान बी बनाया। इस प्लान बी में उन्होंने सबसे पहले एससी/एसटी एट्रोसिटी एक्ट में तब्दीली से नाराज़ सवर्णों को ख़ुश करने के लिए प्रदेश के सारे सवर्णों को दस फ़ीसदी आरक्षण देने की योजना बनाई। जब उनको बताया गया कि पचास फ़ीसदी से ज़्यादा आरक्षण को कोर्ट रद्द कर देगा, तो उनका मानना था कि बाद में कोर्ट से भी लड़ कर कुछ रास्ता निकल लेंगें, मगर अभी तो

इसका ऐलान करके सवर्ण वर्ग के नाराज़ वोटरों को ख़ुश किया जाए, वर्ना एससी/एसटी एट्रोसिटी एक्ट से तो एससी/ एसटी तो नाराज़ हो ही रहे हैं, ये सवर्ण भी रूठ गए, तो पार्टी को वोट देगा कौन? दूसरा शिवराज ने क़र्ज़ा माफ़ी का तोड़ निकला। पहले तो सोचा बीजेपी क्यों न क़र्ज़ माफ़ी का यह पुराना जुमला फिर दोहराए कि बीजेपी का कहना साफ़, हर किसान का क़र्ज़ा माफ़, इस नारे ने 1980 में सुन्दरलाल पटवा की सरकार बनवाई थी, मगर पार्टी के शीर्ष नेताओं ने शिवराज को सलाह दी कि मोदीजी किसी भी क़र्ज़ा माफ़ी के ख़िलाफ़ हैं, इसलिए इसे रहने दिया जाए। तब शिवराज सिंह ने योजना बनाई कि प्रदेश के सारे किसानों के खातों में पच्चीस-पच्चीस हज़ार रुपये डाल दिए जाएँ, थोड़ी बहुत शर्तों के साथ, इससे न केवल किसान ख़ुश हो जाएँगे, बल्कि क़र्ज़ा माफ़ी की हवा निकल जाएगी, मगर वक़्त बुरा चल रहा था शिवराज सिंह का, इसलिए ये दोनों सुझाव पार्टी के आलाकमान ने ठुकरा दिए, और शिवराज सिंह का प्लान बी भी फेल हो गया।

## काँग्रेस की जीत के कारण

2018 का यह चुनाव काँग्रेस के लिए 'करो या मरो' का चुनाव था। यदि यह चुनाव काँग्रेस हार जाती, तो पार्टी का हाल यूपी और बिहार जैसा हो जाता, यह तय था। प्रतिष्ठा का यह चुनाव काँग्रेस जीती कैसे? इस बात पर विचार करते हैं, तो कुछ कारण समझ आते हैं, जिन पर विस्तार से चर्चा की गुंजाइश बनती है।

## कमलनाथ फ़ैक्टर

काँग्रेस की विजय में सबसे अहम है कमलनाथ का नेतृत्व। कमलनाथ से पिछले विधानसभा चुनाव के पहले भी प्रदेश अध्यक्ष बनकर कमान सँभालने को कहा गया था, मगर तब वे मनमोहन सरकार में केंद्रीय मंत्री थे और कई जिम्मेदारियाँ सँभाल रहे थे। 2018 में वे स्वयं चाहते थे कि मध्यप्रदेश में पार्टी अध्यक्ष बनकर जाएँ और शिवराज सरकार से उकताई जनता के असंतोष के दम पर काँग्रेस की सत्ता में वापसी कराएँ, हालाँकि इसके पहले तक वे भोपाल मेहमान की तरह आते थे। दिल्ली से उनकी दौड़ छिंदवाड़ा

तक ही होती थी, मगर इस साल कमलनाथ की प्रदेश वापसी की टाइमिंग एकदम सही रही। कमलनाथ अच्छी तैयारी से आए। वर्तमान सरकार की कमज़ोरियाँ और ताक़त का उन्होंने बेहतर अध्ययन किया और रणनीति बनाई। गुटों में बँटी काँग्रेस में कमलनाथ ही थे, जिनका सारे नेता सम्मान करते थे और उनकी बात मानते थे। काँग्रेस संगठन को संसाधनों की कमी से कमलनाथ ने उबारा और संगठन से जुड़े लोगों को उपलब्ध सीमित साधनों का किफ़ायत से उपयोग करना भी सिखाया। जहाँ एक ओर शिवराज सिंह सुबह से देर रात तक पूरा प्रदेश नापे रहते थे, वहीं दूसरी ओर कमलनाथ ने सीमित दौरे किए और भोपाल में रहकर सामाजिक संगठनों के सम्मेलनों में जाकर नया वोट बैंक तैयार किया। कमलनाथ के आने से पीसीसी में फ़ैसले लेने की गति तेज़ हो गई। किसे पार्टी में शामिल कराना है, किसे कौन सा पद देना है, ये सारे फ़ैसले कमलनाथ ने तेज़ी से लिए। इसकी वजह काँग्रेस अध्यक्ष राहुल गाँधी के उनसे अच्छे रिश्ते रही। कमलनाथ के आने से काँग्रेस संगठन में टूट-फूट का डर एकदम कम हो गया। पिछले विधानसभा और लोकसभा चुनावों में जो बीजेपी काँग्रेस के नेताओं को तोड़ती थी, इस बार बीजेपी से टूट कर नेता काँग्रेस में ज़्यादा आए, तो कमलनाथ के कारण। ठीक चुनाव के पहले शिवराज सिंह के साले संजय मसानी को काँग्रेस के पाले में लाना कमलनाथ के लिए बड़ी राजनीतिक जीत रही। संजय बुरी तरह हारे, मगर काँग्रेस कार्यकर्ताओं का मनोबल बढ़ा गए। कमलनाथ की राजनीतिक समझ बेजोड़ है। वे ज़मीन पर बह रही हवा का रुख भाँप जाते हैं।

इस चुनाव में एक दौरे के दौरान कमलनाथ ने सुरेश पचौरी के लिए सुल्तानपुर में सभा की और गाड़ी में बैठते ही लेखक से कह दिया कि यहाँ सुरेश मुश्किल में दिख रहे हैं। जनता से वैसा रिस्पांस नहीं मिला, डर है कि कहीं वे फिर हार न जाएँ। नतीजा आया तो सुरेश पचौरी भोजपुर सीट लगातार दूसरी बार हार गए थे।

## दिग्विजय फ़ैक्टर

इस विधानसभा चुनाव में दिग्विजय सिंह के पर्दे के पीछे के रोल को समझना भी ज़रूरी होगा। चुनावों के ठीक पहले दिग्गी राजा ने अपनी पत्नी अमृता

राय के साथ तक़रीबन तीन हज़ार तीन सौ किलोमीटर की *नर्मदा पदयात्रा* की, जिसे स्थानीय भाषा में '*परकम्मा*' कहते हैं। नरसिंहपुर के बरमान में तीस सितंबर 2017 से नर्मदा किनारे से शुरू की गई यह पदयात्रा अमरकंटक होते हुए भरूच पहुँची और फिर 192 दिन के बाद नौ अप्रैल 2018 को नर्मदा किनारों की पूरी परिक्रमा कर बरमान में ही इसकी समाप्ति हुई। इस ख़ास मौक़े पर कमलनाथ भी अपने मित्र के इस बड़े संकल्प के पूरा होने पर बरमान आए। दिग्विजय की इस यात्रा में नर्मदा किनारे के गाँवों, कस्बों और शहरों में पदयात्रियों के लिए सुबह-शाम भंडारे होते थे, जिनमें रोज़ हज़ारों लोग आते थे। दिग्गी राजा से मेल-मुलाक़ात करने पुराने नेता आते थे और नई पीढ़ी के लोगों से परिचय कराते थे। एक प्रकार से ये आयोजन काँग्रेसी कार्यकर्ताओं के स्नेह सम्मेलन से हो जाते थे, जहाँ कोई राजनीतिक बात नहीं होती थी, मगर काँग्रेस की सूखी पड़ी जड़ों को पानी देने का काम इस यात्रा ने किया। चुनाव के पहले दिग्विजय सिंह ने अपने सारे समर्थकों के साथ मेल-मुलाक़ात कर जाने-अनजाने में चुनावी बुनावट कर ली।

चुनाव का ऐलान होते ही दिग्विजय सिंह को समन्वय समिति का अध्यक्ष बना दिया गया। रामेश्वर नीखरा और विनय दुबे जैसे प्रभावशाली बुजुर्ग नेताओं की इस समिति ने संभागीय दौरे किए, जिनको *एकता यात्रा* कहा गया। दिग्विजय एंड कंपनी ने 37 जिलों में *एकता यात्रा* कर जिला मुख्यालयों पर *संगत में पंगत* की। इस पंगत में खाने के पहले सभी को पार्टी के साथ एकजुटता की क़सम खिलाई जाती। कहा गया कि उम्मीदवार जो भी होगा, उसका नाम भुलाकर सब पार्टी का समर्थन करेंगे। ये दौरे पूरे होने के बाद जब प्रत्याशियों के नामों का ऐलान हुआ, तो नाराज़ कार्यकर्ताओं और बाग़ियों को मनाने की पूरी ज़िम्मेदारी दिग्विजय सिंह ने निभाई। पूरे वक़्त वे पीसीसी में बैठकर बाग़ियों से बात करते, उनकी बात सुनते, उनको समझाते और नाम वापस लेने का आग्रह करते। दस साल सीएम रहे प्रदेश के इस बड़े नेता की बात काँग्रेस कार्यकर्ता मानते और चुनावी मैदान से हट जाते। बीजेपी में ऐसा काम आरएसएस के नेता करते हैं, लेकिन काँग्रेस में पहली बार व्यवस्थित तरीक़े से इस बार दिग्गी राजा ने यह किया।

मीडिया के सामने दिग्विजय सिंह दावा करते थे कि 2008 और 2013 में उन्हें भरोसा नहीं था कि काँग्रेस सरकार बनाएगी, मगर इस बार कह रहे हैं कि काँग्रेस की सरकार बनने जा रही है। उसकी वजह यह है कि जैसे वे

2003 में अकेले पड़ गए थे, वैसे ही इस बार शिवराज अकेले हो गए हैं। उनकी हार तय है। दिग्विजय का दावा सही निकला। अच्छी ख़ासी लोकप्रियता के बाद भी चुनाव मैदान में अकेले और अलग-थलग पड़े शिवराज हार गए। शिवराज सिंह ने भी दिग्विजय के पर्दे के पीछे रहकर किए गए इस काम की और उनको लेकर किए गए आकलन की तारीफ़ भी कुछ मौक़ों पर की है।

## काँग्रेस की एकजुटता

इस चुनाव में काँग्रेस की जीत की बड़ी वजह काँग्रेसी नेताओं की एकजुटता भी रही। काँग्रेस के नेता कमलनाथ के पीछे एकजुट रहे, तो कार्यकर्ता भी पूरे मनोभाव से जीतने के लिए प्रयास करते रहे। कमलनाथ, ज्योतिरादित्य सिंधिया, दिग्विजय सिंह, अजय सिंह, सुरेश पचौरी और अरुण यादव के बीच अच्छा समन्वय रहा। कमलनाथ ने इन सारे नेताओं को अपने-अपने इलाक़ों में काम करने और अपने लोगों को टिकट बाँटने की छूट दी। राहुल की रैलियों में ही ये नेता एक साथ मंच पर दिखते थे, वरना हर नेता अपने-अपने इलाक़े में जीत के लिए सक्रिय रहा। किस नेता का कहाँ उपयोग करना है, यह भी कमलनाथ को बेहतर आता था, इसलिए उन्होंने प्रचार की सभाएँ कम कीं, मगर समन्वय का काम दिल्ली में आलाकमान से लेकर प्रदेश के नेताओं तक बेहतर तरीक़े से किया। कमलनाथ सुबह ग्यारह बजे प्रचार को निकलते, तो चार सभाएँ लेकर शाम पाँच बजे तक भोपाल लौट आते थे। उसके बाद वे घर पर या पीसीसी में बैठकर प्रदेशभर की गतिविधियों की जानकारी जुटाते और जिन लोगों को काम सौंपा था, उसकी रिपोर्ट लेते।

उधर, सिंधिया कमलनाथ से दोगुनी सभाएँ करते थे। चुनावी सभाओं से दिग्विजय ने अपने आपको दूर रखा, उन्होंने बहुत सीमित सभाएँ कीं। वजह यह थी कि बीजेपी उनको और उनकी सरकार के पुराने दिनों को मुद्दा बनाना चाहती थी, मगर पर्दे के सामने दिग्गी राजा की निष्क्रियता से बीजेपी के ये अरमान पूरे नहीं हो पाए। पूरे चुनाव अभियान के दौरान काँग्रेस कभी भी बँटी हुई और पस्त नहीं दिखी। हाँ, यह ज़रूर था कि काँग्रेस की तुलना जब बीजेपी से करते थे, तो काँग्रेस हमेशा पीछे नज़र आती थी प्रचार से लेकर व्यवहार तक में, मगर बीजेपी से पीछे रहने के भ्रम में ही काँग्रेस ने पूरा चुनाव जीत लिया।

## सीएम प्रत्याशी का ऐलान नहीं करना

काँग्रेस पर चुनाव के पहले से ही बड़ा दबाव था कि इस बार मध्यप्रदेश में शिवराज सिंह के सामने मुख्यमंत्री पद के प्रत्याशी के रूप में किस नेता को उतार कर चुनाव लड़ा जाए, जिससे जनता के सामने साफ़ रहेगा कि काँग्रेस सरकार में आई, तो काँग्रेस का अमुख नेता ही मुख्यमंत्री होगा, मगर इस दाँव के अपने ही ख़तरे थे। यह दाँव काम भी कर सकता था और उलटा भी पड़ सकता था, हालाँकि यह माँग कमलनाथ और ज्योतिरादित्य सिंधिया दोनों के ही समर्थकों की ओर से ज़बरदस्त तरीक़े से की जा रही थी, मगर आलाकमान दबाव में नहीं आया और कमलनाथ को प्रदेश अध्यक्ष, तो सिंधिया को चुनाव अभियान समिति का अध्यक्ष बनाकर ही चुनाव लड़ा। राहुल ने अपने दौरों के दौरान दोनों ही नेताओं को बराबर का महत्व दिया और जनता को यह संदेश दिया कि काँग्रेस की सरकार बनने पर इन दोनों में से ही कोई मुख्यमंत्री बनेगा। यदि किसी नेता को मुख्यमंत्री पद का प्रत्याशी घोषित कर देते, तो दूसरे गुट के नेता पार्टी का प्रचार करने से बचते और काँग्रेस का काम बिगड़ जाता। यह अच्छी सोच भी पार्टी के जीत में काम आई, वैसे काँग्रेस में ऐसी परंपरा नहीं है कि चुनाव में किसी को मुख्यमंत्री पद का प्रत्याशी बनाया जाए, हालाँकि पिछले दो चुनावों में काँग्रेस की हार के बड़े कारणों में एक कारण यह भी था कि बीजेपी के शिवराज सिंह के सामने काँग्रेस सीएम पद का प्रत्याशी घोषित नहीं कर पा रही थी, जिससे वोट प्रतिशत के मुक़ाबले काँग्रेस के पक्ष में सीटें नहीं आ पा रहीं थीं।

## बेहतर टिकट वितरण

इस चुनाव के दौरान काँग्रेस को लेकर जो लोग सकारात्मक सोच भी रखते थे, उनका भी मानना था कि पार्टी अपनी सारी बढ़त टिकट बँटवारे में खो देगी। जब टिकट बँटेंगे, तो पार्टी के नेता हमेशा की तरह अपने-अपने खेमे के लोगों को ज्यादा से ज्यादा टिकट दिलाना चाहेंगे और काँग्रेस वहीं पराजित हो जाएगी, मगर इस बार ऐसा नहीं हुआ। यहाँ बीजेपी राज्य में चुनाव प्रचार में व्यस्त थी और वहाँ दिल्ली में काँग्रेस की छानबीन समिति और चुनाव समिति की बैठकें कभी एआईसीसी दफ़्तर, तो कभी सोनिया गाँधी के घर पर चल रहीं थीं, जिनमें काँग्रेस के सारे दिग्गज भाग ले रहे थे। दोपहर से लेकर देर रात तक होने वाली इन बैठकों में रोज़ अगले दिन तनातनी की

ख़बरें आतीं या प्रचारित कराई जातीं। प्रदेश अध्यक्ष कमलनाथ ने राज्य के दूसरे नेताओं को टिकट बँटवारे में छूट तो दी, मगर उसके लिए कड़े पैमाने भी तय कर रखे थे। कमलनाथ का सर्वे और फिर एआईसीसी के सर्वे में आगे निकल रहे लोगों को ही उम्मीदवार बनाने पर ज़ोर रहा, इसलिए पहली और दूसरी सूची के अधिकतर लोग जीतकर आए।

कमलनाथ ने इस बार उन वर्गों को भी आगे बढ़ाया, जिनको पहले पार्टी बहुत समर्थन नहीं देती थी। इससे इन वर्गों के लोग बीजेपी के पक्के समर्थक बन चुके थे। बुंदेलखंड में पिछड़ा वर्ग में भी लोधी समाज को प्रमुखता दी, तो उस इलाक़े के परिणाम बदल गए। भोपाल के बैरागढ़ से सिंधी समाज का उम्मीदवार खड़ा किया, तो बुरहानपुर से जब मुस्लिम प्रत्याशी का टिकट किसी कारण वापस हुआ, तो सिंरोज़ से भी मुस्लिम महिला को खड़ाकर उनका भरोसा जीत लिया। जातियों को आधार बनाकर टिकट बाँटने का फ़ायदा काँग्रेस को मिला, इसलिए वह वर्ग जो काँग्रेस से दूर था, इस चुनाव में पास आया और पार्टी के वोट बैंक में बढ़ोतरी की। जिस जगह से किसी जाति का वह प्रत्याशी भले ही हार गया, मगर उसे टिकट देने का फ़ायदा दूसरी जगहों पर नज़र आया। भोपाल में हुज़ूर सीट से पार्टी ने जब सिंधी समाज के नरेश ज्ञानचंदानी को टिकट दिया, तो सभी ने कहा कि यह बहुत कमज़ोर प्रत्याशी है, मगर नरेश ने न केवल चुनाव मज़बूती से लड़ा, बल्कि दूसरी जगहों पर सिंधी समाज के मतदाता काँग्रेस से आ जुड़े। काँग्रेस पूरे वक़्त कहती रही कि टिकट बाँटने का आधार जीतने की उम्मीद वाले प्रत्याशी को टिकट देना है, मगर टिकट बाँटने के दौरान जाति का बहुत ख़ास ध्यान रखा गया और जातियों के आधार पर की गई जमावट का ही फल था कि नतीजे काँग्रेस के पक्ष में आए।

## बिना गठबंधन के लड़ना

कमलनाथ लंबे समय तक केंद्र की सरकार में संसदीय कार्यमंत्री रहे हैं। दूसरी पार्टियों के राष्ट्रीय नेताओं से उनकी लंबी जान-पहचान रही है। इसलिए अध्यक्ष बनकर आते ही उन्होंने कहना शुरू कर दिया था कि बीजेपी विरोधी वोटों को बँटने नहीं देंगे, इसके लिए जो भी कोशिशें करनी होंगी, वे करेंगे। ऐसा लग रहा था कि इस बार कमलनाथ की अगुआई में काँग्रेस बीएसपी से गठबंधन कर चुनाव मैदान में उतरेगी। बीएसपी के अलावा मध्यप्रदेश में

सक्रिय दूसरे दल जैसे लोकतांत्रिक जनता दल, लोकतांत्रिक बसपा, मार्क्सवादी कम्युनिस्ट पार्टी, गोंडवाना गणतंत्र पार्टी, जय आदिवासी संगठन (जयेस) सभी से पार्टी समझौता करेगी और मैदान में उतरेगी। इन पार्टी संगठनों की बैठक में भी काँग्रेस के नेता शामिल होते थे और समझौते की बात करते थे, मगर चुनाव क़रीब आते-आते बात नहीं बनी। बीएसपी और काँग्रेस के बीच सीटों के समझौते को लेकर बातें हुईं, मगर बताया गया कि बीएसपी ज़्यादा सीटों की माँग कर रही थी और उन सीटों पर लड़ना चाह रही थी, जहाँ वह हार कर उस सीट पर लड़ने वाले मंत्री को फ़ायदा पहुँचाती। बीएसपी का मध्यप्रदेश में समझौता नहीं हुआ, मगर मायावती ने छत्तीसगढ़ में तो अजित जोगी से समझौता कर मध्यप्रदेश में अपने दम पर चुनाव मैदान में उतरने की ठानी। बीएसपी प्रमुख ने काँग्रेस से समझौता नहीं होने देने के लिए कमलनाथ नहीं, बल्कि दिग्विजय सिंह को ज़िम्मेदार ठहराया, जिससे सबको हैरानी ही हुई। कमलनाथ का बीएसीपी से गठबंधन नहीं करना ही काम आया। तमाम दावों के बाद भी चुनाव में बीएसपी को दो सीटें ही मिलीं। ग्वालियर-चंबल संभाग, जो बीएसपी का गढ़ माना जाता है, वहाँ बीएसपी ढेर हो गई।

बीएसपी का अधिकतर वोट काँग्रेस के पक्ष में गया। इसकी वजह भी एससी/एसटी एक्ट में संशोधन पर हुए बवाल के बाद भड़की हिंसा रही, जिसमें दलित वर्ग को समझाया गया कि बीजेपी से मुक़ाबले के लिए बीएसपी नहीं, ताक़तवर काँग्रेस के साथ खड़े होने में फ़ायदा है। एससी/एसटी एक्ट को लेकर जब दलित विरोध के लिए सड़कों पर उतरे, तो उनको पुलिस और ब्राह्मण-ठाकुर नेताओं से पिटवाया। ऐसे में दलित वोट बीएसपी से छिटक कर काँग्रेस के पाले में बिना कुछ किए ही आ गए।

यदि काँग्रेस बीएसपी से समझौता करती, तो उसे अपनी कुछ सीटें छोड़नी पड़ती और परिणाम भी अनुकूल नहीं आते। काँग्रेस की 'एकला चलो' नीति ज़ोरदार रही। पार्टी ने सिर्फ़ एक सीट शरद यादव की पार्टी लोकतांत्रिक जनता दल के लिए जतारा में छोड़ी, जिसे बीजेपी ने जीत लिया।

## जनता और बीजेपी के बीच का चुनाव बना दिया

काँग्रेस ने यह पूरा चुनाव इतनी योजना से लड़ा कि बीजेपी समझ ही नहीं पाई। चुनाव के दौरान बीजेपी के नेता गर्व से कहते थे कि बताइए कहाँ

है, वह काँग्रेस, जो बीजेपी का मुक़ाबला करके सरकार बनाने की सोच रही है। बीजेपी नेता मंच से बोलते थे कि कोई ऐसा एक काम गिना दीजिए, जो काँग्रेस ने किया है और उसके आधार पर उसकी सत्ता में वापसी हो जाए। काँग्रेस ने कोई ऐसा विशाल धरना-प्रदर्शन भी नहीं किया, जिसे याद रखा जाए, मगर काँग्रेस ने बहुत सफ़ाई से इस पूरे चुनाव को पंद्रह साल की बीजेपी सरकार और उस सरकार से उकताई जनता के बीच का चुनाव बना दिया। काँग्रेस धीरे-धीरे उस परिदृश्य से ग़ायब ही हो गई, जिसमें वह बीजेपी के सामने चुनाव लड़ती दिखाई दे। काँग्रेस के नेता ठीक चुनाव का ऐलान होने के बाद दिल्ली में कई दिन तक टिकट के लिए मारामारी करते रहे, तो यहाँ बीजेपी का प्रचार चरम पर पहुँच रहा था। एक तरफ़ बीजेपी का तामझाम से भरा प्रचार अभियान दिखता था, तो दूसरी तरफ़ कमज़ोर सी काँग्रेस थी। अख़बारों में बड़े-बड़े विज्ञापनों के सामने काँग्रेस के छोटे-छोटे विज्ञापन देख लगता ही नहीं था कि कभी इस सामर्थ्यवान और सत्ता के मद से इतराती बीजेपी का काँग्रेस मुक़ाबला कर पाएगी, हालाँकि काँग्रेस ने बीजेपी के बेतहाशा प्रचार को भी *विज्ञापनों की सरकार* कहकर मुद्दा बनाया और अख़बारों में पार्टी का अत्यधिक प्रचार देख लोगों ने माना कि काँग्रेस सच कह रही है, मगर बीजेपी का मुक़ाबला काँग्रेस ने नहीं, बल्कि प्रदेश की जनता ने किया और काँग्रेस सत्ता में वापस आ गई। चुनाव परिणामों का विश्लेषण करते हुए एक जानकार ने कहा कि इस बार मध्यप्रदेश में 2003 जैसी नकारात्मक वोटिंग हुई सरकार के ख़िलाफ़। जनता ने बीजेपी को हटाने के लिए वोट डाले, काँग्रेस को लाने के लिए नहीं।

## चुनाव के पहले मतदाता सूचियों की सफ़ाई

काँग्रेस ने विधानसभा चुनाव के पहले बीजेपी सरकार को घेरने के लिए नए-नए मुद्दे तैयार किए। इनमें से सबसे चर्चित मुद्दा था फ़र्ज़ी मतदाता सूचियों की गड़बड़ी का। इंदौर के इलेक्शन स्टार्टअप द पॉलिटिक्स डॉट इन के विकास जैन ने अपनी टीम की मदद से ठीक चुनावों के पहले मतदाता सूचियों में बड़े पैमाने पर गड़बड़ियों को सामने लाना शुरू कर दिया। कई विधानसभा क्षेत्रों की मतदाता सूचियों में नाम, फ़ोटो, उम्र, पते के दोहराव की गलतियाँ उन्होंने अपने सॉफ़्टवेयर की मदद से पकड़ीं।

उन्होंने साबित किया कि भोजपुर, उदयपुरा और नरेला विधानसभा क्षेत्रों में एक जैसे नाम, पते और फ़ोटो वाले अनेक नाम मतदाता सूचियों में दर्ज हैं। एक फ़ोटो पर ही 23 मतदाता परिचय-पत्र बने हैं। ऐसे अनेक परिचय पत्र हैं, इनको हटाया जाना चाहिए। उन्होंने दावा किया कि पूरे प्रदेश की मतदाता सूचियों में साठ लाख से ज़्यादा ऐसे दोहराव वाले नाम हैं। विकास जैन के इन दावों पर मीडिया में स्टोरी छपी और सरकार और चुनाव आयोग दबाव में आया। उस वक़्त की मुख्य निर्वाचन पदाधिकारी सलीना सिंह ने बाद में माना भी कि मतदाता सूचियों में ऐसा दोहराव है, मगर यह किसी मक़सद के चलते नहीं है। मतदाता सूची तैयार करने के दौरान जो गड़बड़ियाँ होती हैं, उनसे ऐसे मामले सामने आते हैं। सलीना सिंह ने दावा किया कि तीन लाख छियासी हज़ार से ज़्यादा ऐसी गड़बड़ियाँ मतदाता सूची से हटाई गई हैं। बाद में काँग्रेस ने दिल्ली में चुनाव आयोग के सामने दस हज़ार पन्नों की शिकायत की, जिसमें मतदाता सूचियों की गड़बड़ी को दिखाया। आयोग के संज्ञान लेने पर चार विधानसभा क्षेत्रों में टीम आई और जाँच कर काँग्रेस के आरोपों का खंडन किया, मगर इस सबसे यह हुआ कि मतदाता सूचियों में दोहराव और फ़र्ज़ी तरीक़े से नाम दाख़िल करने की कार्रवाई रुक गई और मतदाता सूचियों की सफ़ाई हो गई, जिसका फ़ायदा काँग्रेस को चुनाव में हुआ।

## दलित आंदोलन की आग ने कहीं हराया, तो कहीं जिताया

एससी/ एसटी एक्ट पर सुप्रीम कोर्ट के आदेश के विरोध में दो अप्रैल 2018 को पूरे देश में दलित संगठनों ने भारत बंद रखा, जिस कारण जगह-जगह हिंसा हुई। मध्यप्रदेश में हिंसा ग्वालियर-चंबल संभाग में हुई, जहाँ दलितों की मौत हुई। प्रदेश के भिंड, ग्वालियर और चंबल में जमकर हिंसा हुई, जिसके ज़्यादातर शिकार दलित वर्ग के लोग हुए, मगर इस दुर्भाग्यपूर्ण घटना ने काँग्रेस के समीकरण प्रदेश के उत्तरी इलाक़े में बनाए, तो पूर्वी इलाक़े में बिगाड़े। विधानसभा चुनावों के दौरान ग्वालियर-चंबल के दलितों ने अपने वोट बीजेपी के ख़िलाफ़ गुस्सा निकालते हुए काँग्रेस को दिए। बहुजन समाज पार्टी को भी दलितों ने निराश किया। मक़सद यही रहा कि बीजेपी सरकार की पुलिस और बीजेपी से जुड़े ताक़तवर जाति के लोगों ने दलितों के साथ जो मारपीट और हिंसा की थी, उससे काँग्रेस ही बचा सकती है, यह भावना

सबमें घर कर गई, इसलिए बीएसपी के परंपरागत दलित वोट भी काँग्रेस के पक्ष में पड़े। नतीजा यह रहा कि मुरैना, ग्वालियर और भिंड लोकसभा सीट की कुल चौबीस में से काँग्रेस ने सिर्फ़ पाँच सीटें हारीं और उन्नीस जीत कर बता दिया कि दलितों के वोट बैंक का सहारा मिले, तो पार्टी कैसे चमत्कार कर सकती है। इसके ठीक उलट इस आंदोलन का विपरीत असर विंध्य इलाक़े में देखने को मिला। यहाँ मुख्यमंत्री शिवराज सिंह की *जन आशीर्वाद यात्रा* पर सीधी में पथराव हुआ और रात में हुई सभा में चप्पल फेंकी गई। ये हरकत करने वाले युवक आरक्षण विरोधी मोर्चा से जुड़े थे।

इस घटनाओं का असर यह रहा कि इस इलाक़े के दलितों ने बीजेपी और शिवराज सिंह के पक्ष में खड़े होने का फ़ैसला किया और नतीजा चौंकाने वाला रहा। सतना, रीवा और सीधी संसदीय सीट की कुल तेरह में से तीन सीटें ही काँग्रेस के पक्ष में गईं और बीजेपी ने अपनी हार की भरपाई इस इलाक़े से कर ली। बड़े से बड़े काँग्रेस नेता को विंध्य में मुँह की खानी पड़ी।

## बड़ी नाकामी विंध्य और मंदसौर में

काँग्रेस के इस सफल चुनाव अभियान की वैसे सबसे बड़ी असफलता दो विपरीत दिशाओं के सीमावर्ती इलाक़ों-विंध्य क्षेत्र और मंदसौर-नीमच में पार्टी की करारी हार होना है। उत्तरप्रदेश से सटे मध्यप्रदेश के पूर्वी इलाक़े विंध्य में पार्टी को रीवा-शहडोल संभाग की बत्तीस में से छह सीटें ही मिलीं। छब्बीस सीटों पर करारी हार का सामना इससे पहले काँग्रेस को इस इलाक़े से कभी नहीं करना पड़ा। रीवा जिले से काँग्रेस का सफ़ाया हो गया। जिले की आठ में से काँग्रेस को एक भी सीट नहीं मिली। सतना जिले की सात में से दो काँग्रेस तो सीधी जिले की चार में से एक ही काँग्रेस के पाले में गई। इस इलाक़े में ऐसे बुरे परिणाम आने पर पार्टी के सारे गणित गड़बड़ा गए। सबसे चौंकाने वाला परिणाम आया चुरहट से ,जहाँ पर पार्टी के कद्दावर नेता और इन पंद्रह सालों में दो बार विधानसभा में नेता प्रतिपक्ष रह चुके अजय सिंह राहुल अपनी परंपरागत सीट गँवा बैठे। चुरहट से ही छह बार विधायक रहे अजय सिंह यहाँ से ही नई उम्र के युवक से हार कर अपना राजनीतिक भविष्य दाँव पर लगा बैठे। इस इलाक़े में टिकट बँटवारे और प्रचार की ज़िम्मेदारी अजय सिंह को दी गई थी। अजय सिंह के मामा और विधानसभा में उपाध्यक्ष राजेंद्र सिंह को भी इस चुनाव में इस इलाक़े से हार

का मुँह देखना पड़ा, जबकि चुनाव के पहले आए राहुल गाँधी के रोड शो में सतना और रीवा में जमकर भीड़ उमड़ी थी। विंध्य में हार के कारणों में मुख्य तो यही रहा कि अजय सिंह के इस इलाक़े पर आरएसएस और बीजेपी ने मिलकर मेहनत की। जातिगत समीकरण बिछाए कुर्मी और कोल वोटों को अपने पक्ष में जोड़ा। ठाकुरों के ख़िलाफ़ सारी जातियों के लोगों को लामबंद किया और अजय सिंह के इस अजेय इलाक़े को भेद दिया। इस इलाक़े में हार का बड़ा कारण टिकटों का ग़लत बँटवारा भी रहा। काँग्रेस ने अपने कार्यकर्ताओं पर भरोसा करने की जगह बीएसपी से आए दो लोगों को टिकट बाँटा, जिससे आम सदस्य नाराज़ हो गया।

तक़रीबन यही हाल मंदसौर-नीमच का रहा। मंदसौर गोलीकांड में छह किसानों की मौत के बाद काँग्रेस शिवराज सरकार के विरोध में पूरे प्रदेश में खड़ी हो गई थी। ठंडी पड़ी काँग्रेस में आंदोलन का संचार सा हुआ था, फिर यहाँ राहुल गाँधी ने विशाल सभा कर कार्यकर्ताओं में जान फूँकने की कोशिश की, इससे लग गया कि शिवराज सरकार के विरोध का केंद्र बिंदु मंदसौर का मल्हारगढ़ गाँव हो गया।

मगर बीजेपी ने इस सब को जानकर इस इलाक़े में जमकर मेहनत की। पुलिस की गोलियों से मारे गए किसानों को एक-एक करोड़ का मुआवज़ा देकर और स्थानीय नेताओं को मज़बूत कर उनकी नाराज़गी को दूर कर पूरी बाजी पलटी। रही सही कसर काँग्रेस के दिशाहीन टिकट वितरण ने पूरी कर दी। नतीजा सामने था, जिस मंदसौर संसदीय सीट से काँग्रेस बीजेपी को साफ़ करने की सोच रही थी, वहाँ आठ सीटों में से काँग्रेस का एक ही विधायक जीता, बाक़ी की सारी सीटें बीजेपी के पाले में गईं। जिस मलहारगढ़ इलाक़े में किसान गोलीकांड हुआ था, वहाँ भी काँग्रेस हारी। इलाक़े के नेता मानते हैं कि यहाँ काँग्रेस के लिए अच्छा माहौल था, मगर टिकट बँटवारे में कुछ नेताओं ने मनमानी की और यहाँ की सीटें गँवा बैठे। नीमच-मंदसौर जिलों की आठ सीटों में एक सीट ही काँग्रेस के हिस्से आई।

बीजेपी की हार पर एक बड़े नेता ने कहा कि बीजेपी की हार स्वामी जी की खीर जैसी रही। एक बड़े स्वामीजी ने अपने शिष्यों से कहा कि कल एकादशी है, खीर बनानी है, इसलिए सब लोग अपने-अपने घर से लोटा भर दूध लाना। सभी शिष्यों ने सोचा कि सब तो दूध लाएँगे, हम क्यों न पानी ही ले चलें, कौन देखेगा, हांडी में लोटा उड़ेल देंगे। स्वामीजी की खीर नहीं

बन पाई, क्योंकि सारे शिष्य पानी ही लाए। बीजेपी के सारे कार्यकर्ताओं ने मेहनत करने की ज़िम्मेदारी दूसरे पर छोड़ दी। नतीजा वही रहा, जीत का संयुक्त प्रयास मन से नहीं हुआ और हार हो गई। किसी नेता ने कहा कि पंद्रह साल में बीजेपी का राजयोग ख़त्म और कॉंग्रेस का राजयोग शुरू हो गया। और इस तरह मध्यप्रदेश में पंद्रह साल बाद कॉंग्रेस सत्ता में वापस लौटी। कमल फिर तो खिला, मगर इस बार बीजेपी नहीं, कॉंग्रेस के पाले में कमलनाथ के रूप में। कमलनाथ ने अपनी ज़िंदगी की सबसे बड़ी चुनौती अच्छे टीम वर्क और बेहतर प्रबंधन के दम पर जीत ली।

# विधानसभा चुनाव 2018 से जुड़े रोचक लेख

# 1. अभी तो शुरू हुआ है मौसम चुनावी चकल्लस का

## (24 जून 2018)

हमारे प्रदेश में अब विधानसभा चुनाव होने में चार महीने ही बचे हैं। नबंवर के आख़िरी में चुनाव और दिसंबर के पहले हफ़्ते में ही नई सरकार। नई सरकार लिखने का अर्थ आप कोई दूसरी पार्टी की सरकार बनाने का नहीं निकालिएगा। अभी चल रही सरकार भी यदि चुनाव जीतने के बाद फिर सत्ता में आती है, तो नई ही कहलाएगी। और हाँ, जो दल सत्ता में नहीं है, उसकी सरकार आ गई, तो वह नई तो होगी ही। दरअसल, अगला चुनाव जीतने के लिए बीजेपी और काँग्रेस के बीच जो तनातनी शुरू हुई है, उसे लेकर ज़बरदस्त किस्से, कहानी, चुटकुले और अबूझ सी बातें गली-मोहल्लों में चल रही हैं। सोचा क्यों न इस बार ग्राउंड रिपोर्ट में आपको यही चुनावी चकल्लस ही सुना दूँ।

दृश्य एक, भोपाल के किसी वरिष्ठ पत्रकार के घर क्षेत्रीय चैनल पर न्यूज देखी जा रही है और अचानक स्क्रीन पर उभरता है कि काँग्रेस की सरकार बनी, तो सुरेंद्र चौधरी उपमुख्यमंत्री हो सकते हैं। यह बयान काँग्रेस की बैठक में प्रभारी दीपक बावरिया के हवाले से दिया गया। तक़रीबन चौंकते हुए वे पत्रकार कहते हैं कि लो चुनाव हुआ नहीं और काँग्रेस में मंत्रालय भी बँटने लगे। समझ नहीं आता काँग्रेसी इतनी जल्दबाज़ी क्यों करते हैं। वहीं बैठे दूसरे पत्रकार कह उठते हैं कि यही तो ताक़त है इन कांग्रेसियों की, ये कुछ भी कर सकते हैं। ये नारा चल पड़ा है एक बावरिया काफ़ी है बर्बाद गुलिस्ताँ करने को, सब मुस्करा कर रह जाते हैं।

दृश्य दो, भोपाल में काँग्रेस दफ़्तर के पास चाय की गुमटी। दफ़्तर से दुखी होकर निकले एक कार्यकर्ता कहते हैं, "भाई साहब इस बार प्रदेश की जनता काँग्रेस की सरकार बनाती दिख रही है, मगर हम काँग्रेसियों में ही होड़ लगी है कि अपनी हरकतों से हर दिन कितनी सीट कम करें। आज

चुनाव हो जाए, तो हम पक्का जीतेंगे, मगर चार-पाँच महीने बाद ठन-ठन गोपाल है।" दूसरे ने कहा, "सच कह रहे हो भैया, मेरा दावा है कि बीजेपी इस बार पक्का हार रही है, मगर काँग्रेस जीतते हुए नहीं दिख रही।" तीसरे ने कहा, "सच बात तो यह है कि हमारी काँग्रेस में कोई बीजेपी जैसा सोचने वाला नहीं है।" ये अजीब सी बातें सुन हैरान नहीं होइएगा, यही चुनावी चकल्लस है, जो इशारों-इशारों में ही बड़े संदेश देते हैं।

दृश्य तीन, भोपाल में ही दीनदयाल परिसर यानी बीजेपी का दफ़्तर। नए अध्यक्ष के कमरे में मिलने-जुलने वालों की भीड़ है। जो लोग अंदर छोटे कमरे में नहीं जा पा रहे, वे बाहर कसमसा रहे हैं, उन्हीं में से एक सफ़ेद कड़क कुर्ता पायजामा पहने और हाथ में गुलदस्ता रखे सज्जन कहते हैं, "भैया इस बार ज़मीन पर पार्टी का कार्यकर्ता बहुत नाराज़ है," तो वहीं खड़े पत्रकार खुश होकर कहते हैं, "तो फिर क्या वह वोट काँग्रेस को देगा।" अब सँभलने की बारी पहले वाले की थी, "अरे, ऐसा तो मैंने कब कहा, वोट तो बीजेपी का बीजेपी में ही जाएगा।" वहाँ खड़े पत्रकार फिर हैरान होकर पूछते हैं, "फिर ऐसी ख़ाली-पीली नाराज़गी का क्या मतलब। जबरन निगेटिव माहौल बना रहे हो।"

माहौल तो अब काँग्रेस दफ़्तर में भी बना दिखता है, जब पार्टी अध्यक्ष कमलनाथ भोपाल में कार्यालय में होते हैं, मगर माहौल बनने और नेता से मिलने में बड़ा फ़र्क़ है। अध्यक्ष जी से मिलने से पहले बाहर बने एक और कमरे में जब एक दिन काँग्रेस के नए-नवेले नेता पहुँचे और मिलने की ज़िद करने लगे, तो वहाँ मौजूद बुजुर्ग नेता ने समझाया कि देखो भाई इस दफ़्तर में पद और पार्टी के टिकट की बात नहीं होती, कुछ और बात है तो बताओ। अब हैरान होने की बारी नेताजी की थी, जो अपने समर्थकों के सामने यह जवाब सुन शर्मिंदा हो उठे थे, उन्होंने भी आव देखा, न ताव सुना दिया कि तो क्या पॉलिटिकल पार्टी के दफ़्तर में पद और चुनाव के टिकट की बात छोड़ सीमेंट की एजेंसी की बात करें आपसे।

हैरान सिर्फ़ काँग्रेस के कार्यकर्ता ही नहीं, बल्कि वे पत्रकार भी हैं, जो सोचते थे कि काँग्रेस के नए अध्यक्ष जी उनको ख़ासी तवज्ज़ो देंगे और पत्रकारों से सलाह लेने की पुरानी परंपरा को जारी रखेंगे, मगर दिल्ली की राजनीति करते आए कमलनाथ का वास्ता भोपाल के पत्रकारों से कम, दिल्ली

में बैठे मालिकों से ज़्यादा रहा है। इसलिए काँग्रेस बीट कवर करने वाले ख़बरनवीसों में भी काँग्रेस कार्यकर्ताओं के समान छटपटाहट दिखती है कि नए अध्यक्ष मिल क्यों नहीं रहे।

उधर, बीजेपी में भी चुनाव लड़ने के लिए अध्यक्ष भले ही नए रख लिए गए हों, मगर तेरह साल के अनुभवी मुख्यमंत्री ने टीम अपनी वही पुरानी चुनी है, जो ठीक चुनावों के वक़्त ही उनकी मदद को आती है। इस टीम में अख़बारों में ख़बर और विज्ञापन प्रबंधन से लेकर हर बात पर तेज़-तेज़ चिल्लाकर बयान देने वाले कुछ नेता भी हैं, जो दिल्ली और इंदौर से भोपाल में आकर डेरा डाल लेते हैं। शिवराज इस टीम को लेकर कहते भी हैं, "मुझे मालूम है चुनाव प्रबंधन की इस टीम में कुछ मेरी पसंद के नहीं हैं, मगर ये विनिंग टीम है, इसे क्यों बदलें।" जैसे चुनाव जीतने की आदत हो जाती है, वैसे ही चुनाव हारना भी आदत में शुमार हो जाता है। भरोसा न हो तो एआईसीसी के एक पदाधिकारी के ट्विटर हैंडल पर यह लिखा देखिए कि दिल्ली के पत्रकार दोस्त ने मुझसे कहा कि इस बार एमपी में चुनाव हारने के लिए काँग्रेस को बहुत ही ज्यादा मेहनत करनी पड़ेगी। कुछ समझ आया। नहीं। अरे यही तो चुनावी चकल्लस है, जो चलेगा चार महीने और...।

## 2. एमपी में रथयात्राओं की धूम है, घूम सके तो घूम
### (22 जुलाई 2018)

जुलाई ख़त्म होने को है और सब कुछ तय समय से चला, तो तीन महीने बाद चौथे महीने यानी नबंवर के आख़िरी दिनों में विधानसभा चुनाव हो ही जाएँगे। मोटे तौर पर सवा सौ दिन बचे हैं, इसलिए चुनाव के लिए तैयार की गई गाड़ियों पर सवार होकर महारथी निकल पड़े हैं चुनावी जंग जीतने। इन गाड़ियों को आजकल रथ कहा जाने लगा है। हैरानी होती है कि लोकतंत्र में अपना प्रतिनिधि चुनने की सामान्य प्रक्रिया को भी अब हम जंग, लड़ाई, युद्ध, हुंकार, गर्जना, दंगल, दाँव-पेंच और महाभारत की शब्दावलियों से जानते हैं। जैसा कि हम पहले से जान रहे थे कि सत्ता में पंद्रह साल रहने के बाद भी चुनावी जंग, माफ़ करिए चुनावी दौड़ पहले बीजेपी ही शुरू करेगी। और

वही हुआ, 14 जुलाई को सीएम शिवराज सिंह चौहान निकल पड़े उज्जैन से महाकाल का आशीर्वाद लेकर *जन आशीर्वाद यात्रा* पर जनता का आशीर्वाद लेने। मर्सडीज बेंज की हिंदुस्तानी कंपनी भारत बेंज की नई बस को डीसी यानी दिलीप छाबरिया ने मोडिफाई कर यात्रा के आरामदेह रथ में बदल दिया और इस सब पर एक-दो करोड़ ख़र्च हो गए, तो क्या हुआ। आख़िर सीएम शिवराज सिंह का रथ है जरा धूम से निकले।

यही रथ अगले दिन उज्जैन पहुँचा और विजयाराजे सिंधिया ग्राउंड में हुई सभा के बाद जब रवाना हुआ, तो मंच पर शिवराज सिंह का उत्साह देखने लायक़ था। वैसे भी वे हमेशा चुनावी मोड में रहते हैं और जब असल चुनाव आते हैं, तो फिर तो उनका उत्साह उछाल मारता है। आमतौर पर अमित शाह के सामने थोड़ा संकोच करने वाले शिवराज ने उस दिन तो पार्टी अध्यक्ष को प्रभावित करने में कोई कसर नहीं छोड़ी भीड़ जुटाने से लेकर जोरदार भाषण देने तक। हमारे उज्जैन के साथी विक्रम सिंह बताते हैं कि पिछले विधानसभा चुनाव के पहले निकली *जन आशीर्वाद यात्रा* में ऐसी ही सभा सामाजिक न्याय ग्राउंड में हुई थी, तब शिवराजजी ने सामने की भीड़ से बुजुर्ग महिला को मंच पर बैठाकर उसका सम्मान किया था और अपने आपको जनता जनार्दन के हवाले कर दिया था, मगर इस बार वे अमित शाह के आगे समर्पित दिखे। उनका पूरा भाषण मोदी की सरकार और अमित शाह के नेतृत्व को लेकर कसीदे पढ़ते गुज़रा। मुझे भी याद आ गया कि पिछली बार 2013 में ऐसा ही रथ था, मगर मोदीजी का पोस्टर रथ से ग़ायब था और हमारी पहली ख़बर वहीं बनी थी, मगर इस बार तो रथ के हर तरफ़ मोदी की उपस्थिति है। *जन आशीर्वाद यात्रा* को देखने भीड़ इस बार भी जमकर उमड़ रही है।

इस यात्रा का दूसरा दौर सतना पहुँचा, तो शिवराज उड़नखटोला छोड़ रेवांचल एक्सप्रेस से मैहर पहुँचे और यात्रा के इस दौर की कवरेज़ के लिए हमारे मित्र रणवीर बनारस से आए और अचंभित हुए कि चार लोग भी रास्ते में माला लेकर खड़े होते हैं, तो शिवराज रथ रोककर उनसे फूल माला ले लेते हैं। वे बताते हैं कि अमरपाटन आने से पहले के गाँव में दो लोग मोटरसाइकिल के पास माला लेकर खड़े थे, उनको पुलिस जवान बार-बार हटाने की कोशिश कर रहे थे, मगर शिवराज ने उनको देखते ही रथ रोका और माला लेकर हाथ मिलाया। रथ के रवाना होते ही दोनों ने आपस में

कहा, "यार अपना मामा है तो बड़ा संवेदनशील। देखो रोक ली गाड़ी"।

यात्रा तो काँग्रेस ने भी थोड़ी बहुत हिचक के साथ शुरू कर दी है। यह यात्रा शिवराज की *जन आशीर्वाद यात्रा* के रास्ते पर ही पीछा करते हुए निकल रही है। नाम रखा है *जनजागरण यात्रा*, मगर काँग्रेसियों का मक़सद शिवराज सरकार की पोल खोलना जैसा है। यह यात्रा भी उज्जैन के पास तराना से शुरू हुई, जहाँ यात्रा की शुरुआत में कमलनाथ की सभा में छोटे से मंच पर सैकड़ाभर काँग्रेसी चढ़ गए और हर थोड़ी देर बाद मंच के सामने इकट्ठे होकर नारेबाज़ी करते रहे। हमारे साथी अजय दुबे मौक़े पर थे। वे हैरान थे कि इतने छोटे से कस्बे में इतने सारे लोग आख़िर कहाँ से आ गए। अजय कहते हैं कि ऐसा लगता है कि इस बार काँग्रेस शहरों की जगह छोटे कस्बों ओर गाँवों के वोटरो पर ज्यादा ध्यान लगा रही है। शिवराज के ठीक उलट कमलनाथ फिलहाल कोई यात्रा नहीं निकाल रहे हैं, मगर जहाँ-जहाँ *जनजागरण यात्रा* शुरू होगी, उसे झंडी दिखाने वे ज़रूर पहुँच रहे हैं। शिवराज के मुक़ाबले *जनजागरण* के फटेहाल काँग्रेसी रथ को जीतू पटवारी हाँक रहे हैं। और वे लोगों के समक्ष शिवराज और अपने रथ की तुलना हवाई जहाज और बैलगाड़ी से करते हैं। वैसे काँग्रेस ने भी कच्ची गोलियाँ नहीं खेली हैं। काँग्रेस का लकदक रथ कर्नाटक चुनाव से छुट्टी पाकर भोपाल में कमलनाथ के घर के पिछवाड़े खड़ा है। इंतज़ार हो रहा है काँग्रेस अध्यक्ष राहुल गाँधी का। राहुल की तारीख़ें मिलते ही काँग्रेसी दिग्गज इस रथ पर सवार होकर निकल पड़ेंगे एमपी की गलियों में वोट माँगने। यह ज़रूर है कि जब तक काँग्रेस का असली रथ निकलेगा, तब तक शिवराज के दो रथ एमपी को पूरा नाप चुके होंगे, मगर इसमें हैरान होने की बात नहीं है काँग्रेस इसी गति और इसी अंदाज़ से काम करती है और फिर चुनाव जीतने के सपने भी देखती है। इस बार देखिए एमपी में रथ पर सवार हो कौन बनता है आने वाले पाँच साल के लिए महारथी।

# 3. काँग्रेस तो ऐसे ही चलती है, वह बीजेपी नहीं है कि दौड़ लगाए
## (28 जुलाई 2018)

दृश्य एक। भोपाल में लिंक रोड, नंबर वन पर गुरुवार की दोपहर दूर-दूर तक काँग्रेस के कार्यकर्ता ही कार्यकर्ता दिख रहे थे। किसी के हाथ में काँग्रेस पार्टी का झंडा था, तो कोई प्लेकार्ड, तो कुछ लोग होर्डिंग्स उठाए थे। और इन्हीं सब ढेरों कार्यकर्ताओं के बीच घिरे हुए चल रहे थे दिग्विजय सिंह। इकहत्तर साल के दिग्विजय सिंह का यह गिरफ़्तारी मार्च था टीटी नगर थाने की ओर। सीएम शिवराज सिंह ने दिग्विजय को देशद्रोही की श्रेणी में रखने वाला नेता कहा था, जिसके विरोध में दिग्गी राजा और उनके समर्थक निकले थे विरोध जताने। काँग्रेस दफ़्तर के बाहर खड़े दिग्विजय के भाई लक्ष्मण सिंह कहते हैं, "दूर-दूर से लोग आ रहे हैं राजा साहेब के समर्थन में।" ...तो क्या यह राजा साहेब का शक्ति प्रदर्शन है? "नहीं बिल्कुल नहीं" तेज़ कदमों से थाने की ओर जाते-जाते जवाब दिया था दिग्विजय सिंह ने। आगे जोड़ा, "तुमने देखा मैं तो अकेले ही दिल्ली से आज सुबह आया हूँ।" और वे मुस्कराकर आगे निकल गए। दिग्विजय सिंह की इसी मुस्कान का अर्थ समझना मुश्किल होता है। यह मार्च कितना दिग्विजय सिंह का और कितना पार्टी का था लोग इसका अंदाज़ा अब तक लगा रहे हैं, क्योंकि प्रदेश अध्यक्ष कमलनाथ और प्रभारी महासचिव दीपक बावरिया ने उनको पार्टी कार्यालय से ही बाय-बाय कर रवाना कर दिया था। काँग्रेस कार्यालय से थाने, यानी दो किलोमीटर तक ये नेता भी चल लेते, तो लगता दिग्गी राजा शिवराज के साथ की इस लड़ाई में अकेले नहीं हैं, मगर राजनीतिक जानकार कह रहे हैं कि शिवराज के फैलाए जाल में दिग्गी राजा भले ही फँस जाएँ, कमलनाथ और ज्योतिरादित्य सिंधिया नहीं फँसेंगे। बीजेपी चाह रही है कि चुनाव शिवराज बनाम दिग्विजय हो जाए, तभी तो शिवराज अपनी *जन आशीर्वाद* की सभाओं में कमलनाथ और सिंधिया को याद भी नहीं करते, मगर दिग्विजय सिंह और उनके कार्यकाल की बातों के बिना उनका भाषण पूरा नहीं होता, हालांकि कई बार उल्टा भी हो जाता है। उस दिन सतना के उचेहरा में शिवराज दिग्गी राजा के बिना बिजली के दिनों की याद दिला रहे थे और उनके पंडाल की बत्ती ही गुल हो गई थी।

दृश्य दो। काँग्रेस के दफ़्तर की तीसरी मंज़िल पर प्रदेश अध्यक्ष कमलनाथ के कमरे के बाहर लोग जमा हैं। काँफ्रेंस हाल के दरवाज़े लगे हैं और उनमें लगे शीशों में से लोग झाँक कर देखने की असफल सी कोशिश करते हैं। परिंदा भी पर नहीं मार सकता के अंदाज़ में होने वाली ये बैठकें पार्टी के प्रकोष्ठों और संगठनों की होती हैं, मगर पूरी गंभीरता से की जाती हैं। कमलनाथ के दिल्ली, भोपाल, छिंदवाड़ा के दौरों के अलावा भी अब दौरे बनने लगे हैं। काँग्रेस की राजनीति को क़रीब से देखने वाले रशीद किदवई कहते हैं कि दस लोकसभा चुनावों का लंबा राजनीतिक अनुभव रखने वाले कमलनाथ की तुलना शिवराज से नहीं कर सकते, जो यात्रा लेकर आशीर्वाद लेने निकल पड़े हैं। मगर कमलनाथ कहते हैं, "शिवराज सिंह आशीर्वाद माँगने नहीं, आशीर्वाद बाँटने निकले हैं। उनको जनता से माफ़ी माँगते हुए क्षमा यात्रा निकालनी चाहिए, क्योंकि प्रदेश की हालत ख़राब है।" वोट माँगने की यात्रा पर तो कमलनाथ भी निकलेंगे, लेकिन राहुल गाँधी के साथ जब चुनाव नजदीक आएँगे। यह काँग्रेस के अध्यक्ष का अंदाज़ है मानो या न मानो।

दृश्य तीन। काँग्रेस दफ़्तर में भारी भीड़ है। ज्योतिरादित्य सिंधिया शाम को ही दिल्ली से आए हैं। चुनाव अभियान समिति की बैठक कर नीचे उतरने को हैं। लोग भीड़ लगाकर मुँह दिखाने को उत्सुक हैं। सिंधिया फर्राटे से आते हैं, बालों पर हाथ फेरते हुए कार में चढ़ते हैं, वहीं से अपने समर्थकों से एक-दो सूत की माला लेकर रात नौ बजे निकल पड़ते हैं होशंगाबाद की ओर, जहाँ संभागीय समिति की बैठक लेकर फिर उनको इंदौर जाना है। उधर संसद चल रही है, तो सिंधिया की व्यस्तता वहाँ भी है और यही चिंता उनको है कि प्रदेश और देश की राजनीति को एक साथ कैसे सँभालें। चिंता तो उनके समर्थकों को भी है कि अब महाराज को प्रदेश में ज्यादा समय देना चाहिए, वरना बना बनाया माहौल बिगड़ जाएगा काँग्रेस का।

ये काँग्रेस के तीन बड़े नेता हैं, तीनों सांसद हैं और तीनों संसद के साथ प्रदेश की राजनीति में सक्रिय हैं। इन तीनों पर ही काँग्रेस को तीन चुनावों में मिली हार के बाद अब सत्ता में वापसी कराने की ज़िम्मेदारी है। तीनों के अपने-अपने एजेंडे हैं। तीनों के राजनीति में काम करने के अपने-अपने तरीक़े हैं। मगर यह तय है कि इन तीनों की जुगलबंदी ही विधानसभा चुनावों में काँग्रेस का परिणाम तय करेगी।

आख़िरी दृश्य। काँग्रेस की रैली में मैं आगे चलने वाले कार्यकर्ता की धीमी चलने की रफ़्तार पर खीज कर कहता हूँ, "भैया जल्दी–जल्दी चलो, तुम्हारे नेताजी आगे निकल गए।" भैया जी पलटकर घूरते हैं, कहते हैं, "बड़े भाई यह काँग्रेस है, अपनी गति से चलेगी, दौड़ लगानी है तो बीजेपी में जाना।" भैयाजी ने बातों–बातों में बहुत कुछ कहकर मुझे आगे जाने का रास्ता दे दिया।

# 4. ये गठबंधन के मेले राजनीति में कम न होंगे

## (5 अगस्त 2018)

"अरे भाई, आप मायावतीजी से गठबंधन करना चाहते हो, तो कर लेना उनसे भी गठबंधन, मगर हम जो यहाँ बैठे हैं, हमसे भी तो गठजोड़ कर लो, क्योंकि हमसे हाथ मिलाए बिना क्या तुम जीत पाओगे, बताओ जरा," हाथ जोड़कर मज़ाक़िया अंदाज़ में यह बात कहने वाले शख़्स बहुजन संघर्ष दल के सर्वेसर्वा फूलसिंह बरैया थे, जो भोपाल के गाँधी भवन के हाल में लोकक्रांति सम्मेलन के मंच पर जुटे सात छोटे–छोटे दलों के बीच यह बात बोल रहे थे। लोकतांत्रिक जनता दल के शरद यादव की अगुआई में ये सारे दलों के लोग जुटे थे और दिल्ली में मोदी सरकार और भोपाल में शिवराज सरकार के ख़िलाफ़ लामबंद होने की रणनीति बना रहे थे। शरद यादव के साथ सीपीएम, सीपीआई, गोंडवाना गणतंत्र पार्टी, बहुजन संघर्ष दल, समानता दल के साथ-साथ काँग्रेस के नेता संदीप दीक्षित भी मंच पर थे और शरद यादव गरज रहे थे, "आपको मालूम है कि इन दिनों देश में अघोषित इमरजेंसी लगी है। मालूम ही नहीं चलता बहुत सी चीजों पर बहुत बंदिशें लगी हैं।" शाम को शरद यादव काँग्रेस के प्रदेश अध्यक्ष कमलनाथ से मिल भी आए और इसे दो पुराने दोस्तों का मिलन बताया, मगर जानकार जान रहे थे कि इन दो पुराने घुटे हुए नेताओं के बीच बातें क्या हुई होंगी।

भोपाल के पॉलिटेक्निक चौराहे पर गाँधी भवन से तक़रीबन सटा हुआ है मानस भवन, जहाँ पर दो दिन बाद काँग्रेस के एआईसीसी और पीसीसी डेलीगेट्स का सम्मेलन चल रहा है। अंदर बाहर काँग्रेसियों की भीड़ है।

दूर-दूर से काँग्रेस के नेता आए हैं। सफ़ेद कुर्ता-पायजामा में इस बार तिरंगा पट्टा लटका हुआ है। रीवा से आए डेलीगेट्स बड़े प्रसन्न दिखे। क्या हालात हैं? पूछने पर बताते हैं, "भाई साहब अभी हमारा माहौल नहीं बना है, मगर जनता हमारे साथ दिख रही है, बस एक पेंच फँस रहा है गठबंधन का। यदि बीएसपी से गठबंधन हो गया, तो हमारा पलड़ा भारी हो जाएगा और सरकार पक्की मानो।" वहीं मिल गए बुंदेलखंड के विधायक जी। तीखी मूँछों वाले ये विधायक भी मान रहे हैं कि नए अध्यक्ष जी के आने से संगठन तो मज़बूत हो रहा है, "बस एक गठबंधन का पेंच सुलझा लें, तो जीत पक्की जानिए। बसपा से बात बन गई, तो बुंदेलखंड की 24 में से 20 सीटें हमारी। वैसे बिना गठबंधन के भी 18 तो आप मानिए हम जीत ही रहे हैं।"

मानस भवन से थोड़ा ऊपर जाकर दाईं तरफ़ जो रोड है, वहीं पर है आठ सिविल लाइन्स, यानी कमलनाथ का बड़े से इलाक़े में फैला बंगला जिसमें कमरे और लॉन कई एकड़ में फैला है। इसी बंगले के अंदर के ड्राइंग रूम में कमलनाथ बैठे हैं, टीवी चैनलों को इंटरव्यू दे रहे हैं। गठबंधन की बात चलने पर समझाते हैं, "हम बीजेपी विरोधी वोट नहीं बँटने देने की रणनीति पर काम कर रहे हैं, क्योंकि यह बीजेपी ही है, जो 25 से 35 फ़ीसदी वोट पाकर जीतती है और उसे सरकार चलाने का जनसमर्थन मानती है। हम छोटे-छोटे दलों से सम्मानजनक तरीक़े से समझौते करेंगे और चुनाव लड़ेंगे।" मगर क्या इन छोटे-छोटे दलों को इकट्ठा करना इतना आसान है, जितना कमलनाथ समझ रहे हैं और फिर गठबंधन के बाद अपनी सीटों में समझौता करना टेढ़ी खीर काँग्रेस के लिए होगा। राजनीतिक विश्लेषक रशीद किदवई कहते हैं, "ये गठबंधन की बात कहना आसान है, मगर उसे ज़मीन पर उतारना बेहद मुश्किल काम है। काँग्रेस में हर विधानसभा सीट पर चार से पाँच नेता टिकट के तगड़े दावेदार हैं। ऐसे में किसी नए आदमी को टिकट देना कितना मुश्किल काम होगा। यह गठबंधन होता है, तो कमलनाथ और काँग्रेस के लिए बड़ी परेशानी का कारण भी बनेगा।"

यदि हम छोटे दलों की बात करें, तो आप यह जानकर हैरान रह जाएँगे कि 2013 के विधानसभा चुनाव में एमपी में अड़सठ राजनीतिक दलों ने क़िस्मत आज़माई थी। बीजेपी, काँग्रेस के अलावा किसी और दल का दहाई अंकों में भी मत प्रतिशत नहीं था। बीजेपी को चवालीस, काँग्रेस को छत्तीस, तो बीएसपी को छह फ़ीसदी वोट मिले थे। सारे निर्दलीय उम्मीदवारों

के वोट पाँच फ़ीसदी थे। सबसे कम वोट प्रतिशत जय मानवता पार्टी का था शून्य दशमलव शून्य शून्य शून्य तीन। दो-तीन बड़े दलों के अलावा इतने सारे दलों का चुनाव लड़ना क्या दिखाता है। ये सारे दल जीतने की उम्मीद से ही चुनाव लड़ते हैं और चुनाव के परिणाम आने तक अपनी जीत को लेकर मंसूबे बाँधते रहते हैं। दावे करते रहते हैं।

उधर, गठबंधन और छोटे दलों की उठा-पटक से दूर सीएम शिवराज सिंह अपनी *जन आशीर्वाद यात्रा* के रथ पर खड़े होकर सामने खड़ी जनता से उमरिया में कहते हैं, "आपने देखा होगा कि बाढ़ के डर से एक पेड़ पर ही साँप-छछूंदर सब चढ़ जाते हैं। ऐसे ही इस बार ये सारे दल बीजेपी के ख़िलाफ़ जुड़ रहे हैं। मगर भैया यह जनता यदि हमारे साथ है, तो हमें किसी का डर नहीं है।" समझना कठिन है डर किसको लग रहा है।

# 5. टिकट के लिए कुछ भी करेगा, यानी अजब-ग़ज़ब टिकटार्थी
## (28 अक्टूबर 2018)

हमारे एमपी में मतदान को अब एक सिर्फ़ एक महीना ही बचा है, आज से टीक एक महीने बाद आप इस वक़्त वोट डालने की तैयारी कर रहे होंगे। यह अलग बात है कि चुनाव का माहौल पूरे प्रदेश से ग़ायब है। हाँ ,यदि चुनाव का माहौल कहीं दिख रहा है, तो भोपाल में राजनीतिक पार्टियों के दफ़्तरों पर और उसमें से भी यदि आपको चुनाव से जुड़े नाटक, नौटंकी, हंगामा, इमोशन, सत्ता की चमक-दमक, नेताओं की ऐंठन और कार्यकर्ताओं की हर नेता के पैरों पर गिर-गिर पड़ने की अदा देखनी है, तो आइए दीनदयाल परिसर यानी अरेरा कालोनी के बीजेपी दफ़्तर में। सुबह से शाम तक खड़े हो जाइए और चुनाव से जुड़े नए-नए रंग देखिए।

दृश्य एक : पार्टी दफ़्तर में रोज़मर्रा की तरह चहल-पहल है। चुनाव के चलते लोग ज़्यादा आ रहे हैं और दफ़्तर के कमरों में जा-जाकर अपने परिचित नेता को देखते हैं, मिलते हैं। नई उम्र के लोग साथ हों, तो सेल्फी का दौर चल जाता है, नेता ख़ुश हैं कि पार्टी दफ़्तर में बैठने पर भी उसका सेसेंक्स इतना ऊपर है, तो कार्यकर्ता इस बात पर इठला रहा है कि नेता

जी ने उसके कंधे पर हाथ रख दिया और हाथ में रखा बायोडाटा लेकर कहा, "ज़रूर देखेंगे, आप तो काम करिए।" "भाई साहब, काम तो पिछले पंद्रह सालों से कर ही रहे हैं, मगर इस बार अपने को टिकट मिल जाए, तो पिछली बार से ज़्यादा से सीट निकालेंगे।" ये सारी क़वायद चल ही रही है कि अचानक परिसर के आस-पास सायरन की आवाज़ गूँजने लगती है और ये दफ़्तर के पास खड़े नेताजी अचानक वार्तालाप बीच में छोड़कर गेट की तरफ़ भागते हैं। जब तक वे बाहर पहुँचते हैं, तब तक परिसर में अंदर प्रवेश कर चुकी नेताजी की गाड़ी चारों तरफ़ से घिर चुकी होती है। दरवाज़ा खुलना मुश्किल होता है। और वे दिल्ली वाले नेता जी चेहरे पर मुस्कान और परेशानी का भाव एक साथ लाते हुए पैरों पर गिर रहे लोगों को बिना देखे चलते हुए सीढ़ियों की ओर चले जा रहे हैं। उनके दोनों हाथ सामने आ रहे लोगों से बायोडाटा लेने में व्यस्त हैं और थोड़ी देर बाद ही वे सीढ़ियाँ चढ़ते हुए फिर कमरे में बंद हो जाते हैं, जहाँ कोई बैठक चल रही है। नेता जी को बायोडाटा हाथ में देने की मशक़्क़त को भली-भाँति पूरा करने के बाद संतुष्टि का भाव लिए हुए अपने लोगों से बतियाने में व्यस्त थे मंदसौर जिले की मनासा से आए रामेश्वर पाटीदार। हमने कहा आपने बड़ी मेहनत की, तो उनका चेहरा खिल सा गया, "बोले भैया सारी मेहनत टिकट की है, मिल गया, तो ठीक, वरना अगले पाँच साल फिर किसी काम के नहीं रहेंगे।"

दृश्य दो : अचानक बीजेपी दफ़्तर की शांति को भंग करती हुई आवाज़ें लगने लगती हैं। अभी तो ये अँगड़ाई है, आगे और लड़ाई है। कौन लड़ने आया है, यह देखने हम निकलते हैं, तो फिर नया नारा सुनने मिलता है 'अपना नेता कैसा हो, मुन्ना भैया जैसा हो'। देखते हैं कि क़रीब पच्चीस-तीस लोगों का समूह परिसर में आते ही नारेबाज़ी में लग गया है। नारेबाज़ों के हाथ में छोटे-छोटे प्लेकार्ड भी हैं, जिसमें मुन्ना भैया की हाथ जोड़े फ़ोटो लगी है। ये लोग देवास जिले के खातेगाँव से आए हैं। और बीजेपी के स्थानीय विधायक की मुखालिफ़त कर अपने मुन्ना भैया की वकालत कर टिकट माँग रहे हैं। दफ़्तर से भारी-भरकम शरीर वाले वरिष्ठ प्रकार के नेताजी आते हैं और इनको समझाने की कोशिश करने लगते हैं। "यह क्या भाई साहब, अगर आपने इस बार विधायकजी को टिकट दिया, तो हम यह करेंगे, वह करेंगे।" अचानक साथ आए सारे लोग दाहिना हाथ आगे लाकर शपथ लेने के अंदाज़ में बोलने लगते हैं, "बीजेपी हमारी माँ हैं, मगर हम शपथ लेते

हैं कि यदि वर्तमान विधायक को फिर टिकट दिया, तो पार्टी का काम नहीं करेंगे। जय हिंद। भारत माता की जय।”

दृश्य तीन : पार्टी दफ़्तर अपनी रोज़मर्रा की दिनचर्या में व्यस्त है कि अचानक कुछ भगवाधारी आते हैं और पार्टी दफ़्तर की सीढ़ियाँ चढ़ने से पहले स्वस्ति वाचन शुरू हो जाता है। एक भगवाधारी सज्जन धीरे-धीरे सीढ़ियाँ चढ़ते हैं और उनके साथ आए लोग मंत्रोच्चार के साथ ही फूल बरसाने लगते हैं। जैसे ही यह धार्मिक सीरियल सरीखी एंट्री का सीन ख़त्म होता है, तो पता चलता है कि ये देव-दुर्लभ कार्यकर्ता सागर से आए हैं और स्थानीय विधायक के ख़िलाफ़ नाराज़गी जता कर संतजी की दावेदारी कर रहे हैं। पार्टी दफ़्तर में अंदर जाकर वे अपना बायोडाटा देते हैं और पूरा जीत-हार का गणित समझा कर आ जाते हैं। हमने पूछा, “गुरुजी क्या हुआ?” “अपना काम कर दिया, आगे प्रभु इच्छा, मगर हाँ इतना सत्य है कि पार्टी ने यदि वर्तमान विधायक को टिकट दिया, तो बुरी तरह हारेगा।”

दृश्य चार : सुनिए, हम आपको एक बहुत बडी ख़बर दे रहे हैं, जरा माइक लगाइए हमारी तरफ़। एक लंबे-ऊँचे से सज्जन हमारी तरफ़ आते हैं और बडी ख़बर का लालच देते हैं। कौन सी ख़बर भाई। ख़बर यह है कि अब हमारा समाज बीजेपी को नहीं, सपाक्स को सपोर्ट करेगा। कौन सा समाज? तब उन्होंने किसी समाज का नाम लिया और इशारा करते हुए कहा, “ये हमारे समाज के राष्ट्रीय अध्यक्ष हैं और पिछली तीन बार से टिकट की दावेदारी कर रहे हैं, इस बार फिर टिकट माँगने आए हैं, मगर लग नहीं रहा कि टिकट मिलेगा, इसलिए हम आपके चैनल पर ऐलान करने जा रहे हैं कि हमारा समाज सपाक्स को वोट करेगा।” पूछने पर कि आपके समाज के लोग कितने हैं? जवाब आता है, “क़रीब एक लाख।”

ऐसे अजब-ग़ज़ब टिकटार्थियों की चर्चा जब हमने लंबे समय से चुनाव के काम से जुड़े योगेश राठौर से की, तो वे हँसकर बोले, “भाई टिकट माँगने के इतने सारे तरीक़े और अंदाज़ होते हैं कि आप एक पूरी किताब ही इस पर लिख सकते हैं।” हमने भी सोचा है कि यदि ये कॉलम ज़्यादा पसंद किया गया, तो इन पर किताब लिखने की सोचूँगा।

# 6. ये वोट माँगना नहीं आसान, डाँट खाकर जाना है

## (18 नवम्बर 2018)

हमारे आस-पास राजनीति उफ़ान पर है इन दिनों। हर कोई राजनीति में डूब रहा है। क्या उम्मीदवार, क्या उसका वोटर और क्या हम रिपोर्टर। हर कोई यही कह रहा है कि यह चुनाव नहीं आसान, छूत की एक बीमारी है और संक्रमित होकर जाना है। पहले टिकट बँटवारे को लेकर भोपाल से दिल्ली तक कलह रही, तो अब गली-गली प्रचार का शोर है। मज़े की बात यह है कि कल तक जो टिकट मिलने के बाद सीट निकालने का दम भर रहे थे, वे मैदान में प्रचार पर आते ही साँस फुलाकर कहते हैं, "यार मामला थोड़ा टाइट है, नज़रें इनायत बनाए रखना।" टिकटों के बँटवारे के बाद बाग़ियों को बैठाने और लिटाने की चर्चा एक पार्टी दफ़्तर में चल रही थी। पार्टी के अध्यक्ष जी हम कुछ पत्रकारों के सामने विराजमान थे और तमाम जिज्ञासाओं का समाधान कर रहे थे, उसी दौरान मैंने एक अबोध सवाल पूछ मारा कि आप इतने लोगों को टिकट बाँटते या टिकट काटते हो, तो उनको पहले बता दिया जाए तो ये बग़ावत होगी? तब राजनीति में तपे अध्यक्ष जी ने जो कहा उसे सुनकर हम हैरान रह गए। उन्होंने फ़रमाया, "तीन महीने पहले हम टिकट बाँटने वाले तमाम जानकारों ने एकमत होकर एक व्यक्ति को बता ही दिया था कि आप टिकट पा रहे हो। प्रचार का दफ़्तर खोल लो और उस भले आदमी ने दफ़्तर खोल भी लिया, मगर देखिए वक़्त की बलिहारी उसी व्यक्ति का टिकट ऐन वक़्त पर हमें काटना पडा। ऐसी होती है राजनीति और उसके गुणा-भाग पल-पल बदलते हैं।"

मगर टिकट मिलना जितना मुश्किल है, उससे दोगुना मुश्किल हो गया है चुनाव प्रचार, जिसमें किसी भी प्रत्याशी को उसकी नानी याद दिला देती है आजकल जनता। बुधनी से आ रहे वीडियो देख कर लग रहा है कि अब जनता सीएम शिवराज सिंह के परिवार के लोगों को ही खरी-खरी सुना देती है और सामान्य उम्मीदवारों का क्या होता होगा। यह सच है कि किसी भी विधानसभा सीट की सारी समस्याएँ हल करना आसान नहीं होता, मगर जो बच रह जाती हैं जनता उनकी ही गाँठ बाँध कर रखती है और प्रत्याशी को सामने देखकर ही खोल देती है। सड़क नहीं बनी, नाली नहीं बनी, इतने

दिन कहाँ थे महाराज वगैरह-वगैरह। हमारे एक मित्र चुनाव मैदान में हैं। वे कहते हैं, "दिनभर के प्रचार के बाद रोज़ रात में कमर की मालिश करानी पड़ती है। दिनभर में जो सामने मिलता है, उसके इतनी बार झुक-झुक पैर छूने पड़ते हैं कि पूछो मत। कमर ही टेढ़ी हुई जा रही है।" हाल ही एक उम्मीदवार का एक फ़ोटो वायरल हुआ था, जिसमें वे घर के सामने अकेली खड़ी छोटी लड़की के पैर सिर रखकर छू रहे होते हैं। पता चला कि उन्होंने घर के लोगों को आवाज़ दी, मगर निकली सिर्फ़ छोटी कन्या, तो उसी के पैर छुए और चल दिए। पैर छूने पर ही याद आया कि अभी इंदौर में टीवी डिबेट में बड़ी उम्र के एक उम्मीदवार से उनके ख़िलाफ़ खड़े हुए उम्मीदवार ने टीवी एंकर की फ़रमाइश पर पैर छूकर आशीर्वाद माँगना चाहा, तो पहला वाला उम्मीदवार उठकर भागने लगा। बिल्कुल वैसा ही सीन बन गया, जैसा संसद में मोदी और राहुल के बीच बन पड़ा था कि राहुल मोदी के गले लिपटे थे और मोदी दोनों हाथ दूर कर अवाक भाव से देख रहे थे कि यह माज़रा क्या है। यहाँ भी वह उम्मीदवार पैरों में पड़कर जीत का आशीर्वाद माँग रहा था और दूसरा बार-बार भागा जा रहा था।

प्रचार के दौरान रोना-धोना भी खूब पड़ता है। गुज़रे जमाने की टीवी आर्टिस्ट और कैबिनेट मंत्री स्मृति ईरानी पिछले दिनों भोपाल में दो प्रत्याशियों के प्रचार के लिए आईं, तो दोनों को जनता के सामने ही रुला गईं। पहले वे पहुँचीं भोपाल उत्तर, जहाँ बीजेपी की इकलौती मुस्लिम प्रत्याशी फ़ातिमा सिद्दीकी के पिताजी की याद दिलाई और बताया कि काँग्रेस के वर्तमान उम्मीदवार पहले फ़ातिमा के पिताजी पर हमला करते थे। बस फिर क्या था, फ़ातिमा सुबकने लगीं और सहानुभूति की लहर में सामने बैठी पब्लिक डूबने लगी। इमोशन क्वीन स्मृति फिर पहुँची नरेला में, जहाँ विश्वास सारंग की सभा को संबोधित करते-करते कह बैठीं कि विश्वास के पिताजी अस्पताल में बीमार चल रहे हैं। उसके बाद भी विश्वास इतनी जीवटता से प्रचार में जुटे हैं। बस फिर क्या था, पिताजी की बात सुनते ही विश्वास भावुक हो उठे और झुककर आँखों से आँसू पोंछने लगे। इस सभा में भी सहानुभूति की वही लहर बह चली। अब सहानुभूति की यह लहर वोटों की सुनामी में बदलती है या नहीं, यह तो परिणाम आने पर ही पता चलेगा, मगर वोट के लिए सब कुछ करना पड़ता है, यह साफ़ है।

मगर इस चुनाव का सबसे यादगार फ़ोटो तो वो है, जिसमें रायपुर में काँग्रेस के नेता आरपीएन सिंह ने प्रेस वार्ता में गंगा जल की छोटी बोतल से गंगा जल निकाल कर हथेली पर रखा और कहा, "हम गंगा मैया की क़सम खाते हैं कि सरकार आने पर दस दिन में किसानों का क़र्ज़ा माफ़ करेंगे।" उन्होंने साथ बैठे नेताओं से भी गंगा जल हाथ में लेकर वचन लेने को कहा। तो साब बहुत कठिन है डगर चुनाव जीतने की। वोटर को मनाने के लिए गंगा जल की क़सम खाने से लेकर पैर तक छूना पड़ता है।

तभी तो कहते हैं, "ये चुनाव नहीं आसान, एक आग का दरिया है और वोटर की डाँट खाना है।"

# 7. एक अकेले राहुल गाँधी और<br>हम नब्बे पत्रकार
## (4 नवम्बर 2018)

एक पत्रकार के तौर पर नेताओं से मिलना-जुलना और उनकी राजनीति को समझना हमेशा अच्छा लगता है। ऐसे में जब कहा गया कि इंदौर में पत्रकारों से राहुल गाँधी मिलेंगे, तो इंदौर जाने की ललक बढ़ गई थी। इंदौर के रेडिसन ब्लू होटल के बड़े हॉल में क़रीब नौ बड़ी टेबल लगाकर राहुल से पत्रकारों की चर्चा के इंतज़ाम किए गए थे। हर टेबल पर क़रीब आठ से दस पत्रकार थे। राहुल तय समय से क़रीब आधे घंटे बाद आए। राहुल का पहनावा वही था, जो आमतौर पर सभाओं में दिखता है। बेतरतीबी से पहना हुआ सादा सा सफ़ेद कुर्ता और पायजामा, साथ में नीले घिसे हुए स्पोर्ट्स शूज़। राहुल ने आते ही देरी से आने के लिए क्षमा माँगी और जिस टेबल पर सीनियर पत्रकारों की भीड़ देखी, वहाँ जाकर बैठ गए और लगे गुफ़्तगू करने। ज़ाहिर है कि चर्चा राजनीति की हो रही थी, वहीं बैठे वरिष्ठ पत्रकार ने राहुल को ताना मारा कि आजकल आप भी जनता को देने-देने की बात करने लगे हैं। किसानों का क़र्ज़ा माफ़ वगैरह, ऐसे कैसे चलेगी काँग्रेस। इस पर राहुल मुस्कराए, पत्रकार साथी की ओर देखकर कहा, "आपकी घड़ी देंगे क्या।" सवाल पूछने वाले पत्रकार ने हैरान होकर घड़ी उतारी और राहुल की तरफ़ बढ़ा दी। राहुल ने घड़ी उलटी-पलटी और वापस करते हुए कहा,

"अच्छी घड़ी है, रख लीजिए।" टेबल पर बैठे लोग भी हैरान थे कि जवाब देने की जगह राहुल यह घड़ी की बात बीच में क्यों ले आए। सबको हैरान देख राहुल ने कहा, "मैंने क्या किया। आपसे घड़ी ली और आप को ही लौटा दी। ये सब जनता का ही है, जो सरकार लेती है और लौटाती है।"

कुछ और हल्के-फुल्के सवाल-जवाब होते रहे। राहुल जो थोड़ी देर टेबल पर बैठकर छोटे सवालों के लंबे-लंबे जवाब दे रहे थे, जब उनको लगा कि बाक़ी के लोग अपनी टेबिल पर आने की बारी के इंतज़ार में बोर हो रहे हैं, तो वे अचानक माइक लेकर खड़े हो गए और फिर सबकी तरफ़ देखकर सवालों के जबाब देने लगे। एमपी की राजनीति पर हुए प्रश्नों पर जब वे उलझ जाते, तो कमलनाथ और ज्योतिरादित्य सिंधिया को पास बुलाकर अपना माइक थमाकर जवाब देने को कहते और उनकी बातों को ध्यान से सुनते। तक़रीबन नब्बे पत्रकार और अकेले राहुल मामला दिलचस्प होता जा रहा था, मगर राहुल के बेबाक बेफ़िक्री भरे अंदाज़ और हाज़िरजवाबी से हॉल के लोग प्रभावित हो रहे थे। कुछ राहुल की फ़ोटो खींच रहे थे, तो कुछ वीडियो बना रहे थे, हालाँकि राहुल की सिक्योरिटी और स्टाफ के लोग मोबाइल से वीडियो बनाने को मना कर रहे थे, मगर यदि किसी की बात मान गए, तो फिर भला कैसे पत्रकार। तमाम मनाही के बावजूद छिपकर फ़ोटो और रिकार्डिंग जारी थी। इसी बीच, राहुल ने उस सवाल का जवाब दे दिया, जो उस दिन अख़बार की सुर्खियाँ बना हुआ था। राहुल ने शिवराज सिंह के बेटे कार्तिकेय का नाम पनामा पेपर्स में होने का बयान झाबुआ की सभा में दिया था, जिसके बाद से शिवराज उबले हुए थे। राहुल ने मुस्करा कर कहा, "दरअसल बीजेपी शासित राज्यों में इतने घोटाले होते हैं कि मैं कन्फ्यूज़ हो गया। छत्तीसगढ़ में कही जाने वाली बात मध्यप्रदेश में कह दी।" बस फिर क्या था, ख़बर तो मिल गई थी। हम टीवी के पत्रकार, जो एक ही टेबल पर बैठाए गए थे, वे असमंजस में थे कि इस ख़बर को कैसे ब्रेक करें, करें या न करें। ये बातचीत औपचारिक है या अनौपचारिक, मगर ख़बर तो बड़ी थी। मैंने एक लाइन मोबाइल पर टाइप कर दफ़्तर के वाट्सअप ग्रुप पर जैसे ही डाली। अगले ही क्षण फ़ोन आने लगे। फ़ोन पर ख़बर बताने की फ़रमाइश शुरू हो गई। उधर, हम समझा रहे थे कि ये बेहद सुरक्षा वाला हॉल है। बाहर जाने नहीं देंगे और बाहर गए, तो अंदर आना मुश्किल होगा और अंदर बैठकर इस माहौल में फ़ोन करना कठिन होगा, मगर फ़ोन

की फ़रमाइश को टालना मुश्किल था। ऐसे में फ़ोन को कान से लगाकर सुरक्षाकर्मी से इमरजेंसी का बहाना कर दरवाज़ा खोल बाहर हुए और फ़ोन पर इस बड़ी ख़बर को सबसे पहले ब्रेक किया। लौट कर आए, तो देखा हमारे सारे साथियों के चेहरों पर तनाव था, क्योंकि अब उनके चैनलों से भी ख़बर को लेकर पूछ-परख शुरू हो गई थी।

और ऐसे में ही हो गया वह सवाल, जो हमें लंबे समय तक याद रहेगा। इंदौर के एक पत्रकार ने कहा, "राहुल जी आपकी बातें सुनकर अच्छा लग रहा है। आप बहुत समझदारी वाली बातें कह रहे हैं, मगर फिर भी आपको *पप्पू* कहा जाता है। कैसा लगता है यह संबोधन।" उफ़! राहुल के आस-पास खड़े एमपी काँग्रेस के नेता भी अवाक रह गए इस सवाल को सुनकर। राहुल उन पत्रकार के क़रीब गए। थोड़ा सँभले, मुस्कराए और कहा, "भैया मैं तो शिवभक्त हूँ और क्या-क्या नाम हैं शिवजी के ज़रा बताइए।" जवाब आया, "भोलेनाथ।" राहुल ने कहा, "भोलेनाथ क्यों, वह इसलिए कि वे भले हैं, भोले हैं, तो मैं भी भला हूँ। मुझे इससे फ़र्क़ नहीं पड़ता कि कोई मेरे बारे में क्या कह रहा है। मैं तो यह समझने की कोशिश करता हूँ कि कोई मुझसे इतनी नफ़रत क्यों कर रहा है। नफ़रत नहीं, प्रेम की राजनीति मुझे करनी है और मैं किए जाऊँगा, जिसको जो बोलना हो, बोले।" बस, फिर क्या था, इस जवाब के बाद राहुल के मीडिया मैनेजरों और नेताओं की जान में जान आ गई, मगर हम सब भी राहुल से यह जवाब सुनकर उनके मुरीद हो गए। राहुल और पत्रकार महोदय दोनों के। कठिन सवाल पूछना पत्रकार का हक़ है और उसका बेहतर जवाब देना नेता को आना चाहिए। इस बीच, मैं उनको अपनी किताब *ऑफ़ द स्क्रीन* भेंट कर चुका था। किताब का शीर्षक पढ़ कर राहुल ने कहा, "आप टीवी पत्रकार बहुत मेहनत करते हो। मैं जानता हूँ। आप मुझसे मिलेंगे, तो कुछ और बातें बताऊँगा टीवी रिपोर्टिंग की मुश्किलों की।" और ये कहकर राहुल ने अपना कठोर कसरती हाथ मेरे कँधे पर रख दिया।

## 8. राघौगढ़ से लेकर बुधनी तक
## बलि का बकरा कौन
### (10 नवम्बर 2018)

दृश्य एक : सीएम शिवराज सिंह का हेलिकॉप्टर जैत गाँव के बाहर उतरा है। कार से सीएम अपने परिवार के साथ इनोवा से गाँव में आते हैं। गाँव में घुसते ही बड़े पेड़ के नीचे बने खेरापति हनुमानजी और दूसरे देवताओं की पूजा करने लगते हैं। इस पूजा को ख़त्म कर वे भाई नरेन्द्र मास्साब के घर के बाहर बने हनुमान मंदिर में पूजा करते हैं। इसे पूरा कर वे फिर गाड़ी में सवार हो गाँव के किनारे बह रही नर्मदा मैया में अभिषेक करने पहुँच जाते हैं। शिवराज के साथ उनकी पत्नी और दोनों बेटे हैं। भोपाल से पहुँचे हम टीवी पत्रकारों को देख मुस्कराते हैं और कहते हैं, "अरे! आप सबको इतनी दूर आना पड़ा।" हमने भी कहा, "पाँच साल में दो बार तो हम यहाँ आते ही हैं। एक आपके नामांकन के दौरान और दूसरा मतदान के दिन।" शिवराज यहाँ पूजा करके फिर उड़ते हैं और रहटी के पास सलकनपुर माता के मंदिर पहुँच कर पूजा-पाठ करते हैं। पूजा के सारे विधि-विधान निपटाने के बाद वे फिर उड़ते हैं और आते हैं बुधनी के तहसील दफ़्तर, जहाँ पर उनको नामांकन दाखिल करना है। शिवराज का पूरा परिवार यहाँ भी साथ है। शिवराज बुधनी से पाँचवी बार मैदान में हैं। इसलिए नामांकन के बाद हुई सभा में शिवराज ने अपने ख़ास अंदाज़ कहा, "मैं तो अब चला प्रदेश की 229 सीटों पर प्रचार करने। यहाँ का प्रचार आपको ही करना है और कितने वोटों से जिताओगे अबकी बार।" मंच पर खड़े कार्यकर्ता चिल्लाते हैं, "अबकी बार एक लाख पार।" तालियों से सभा गूँज उठती है।

दृश्य दो : बुधनी में तहसील कार्यालय के बाहर काँग्रेसी इकट्ठे हो रहे हैं। प्रदेश काँग्रेस के पूर्व अध्यक्ष अरुण यादव भोपाल से बुधनी के लिए चल पड़े हैं पर्चा भरने। पार्टी ने शिवराज सिंह को उनके विधानसभा क्षेत्र में घेरने के लिए अंतिम सूची में अरुण के नाम का ख़ुलासा किया। तहसील के बाहर चाय की दुकान पर बैठे रामरतन किरार मेरी माइक आईडी देखकर कहते हैं, "इस बार आपको बार-बार बुधनी आना पड़ेगा।" मैंने पूछा "क्यों?" तो जवाब मिला, "क्योंकि काँग्रेस ने अच्छा उम्मीदवार उतारा है। चुनाव टक्कर

का होगा।” तो क्या सीएम को अरुण चुनौती दे पाएँगे? “अरे, क्यों नहीं, यादव वोटर यहाँ बहुत हैं। यादव जी मेहनत करें, तो मामा परेशान हो जाएँगे और प्रचार के आख़िरी दिनों में यहीं डेरा डालेंगे।” तब तक अरुण यादव अपने समर्थकों के साथ आ पहुँचते हैं बुधनी तहसील कार्यालय में। बारह बजकर अड़तीस मिनिट का मुहूर्त निकलवाकर लाए हैं, मगर उनके पहले दो प्रत्याशी पर्चा भर रहे हैं। इसलिए इंतज़ार करना पड़ रहा है। खाली समय का उपयोग वे पत्रकारों से बातचीत में करने लगते हैं। थोड़ी देर बाद ही वह सवाल आ ही जाता है कि आपको बलि का बकरा बनाकर बुधनी भेजा गया है, ऐसा समझा जा रहा है। शिवराज ने भी भोपाल में कहा है कि अरुण के साथ अत्याचार हो गया। अरुण यादव सौम्य नेता हैं। थोड़ा रुककर सँभलकर अरुण बोलते हैं, “यह मेरे लिए गर्व की बात है कि बुधनी से शिवराज को हराने की ज़िम्मेदारी मुझे दी गई है। बुधनी की जनता बदलाव चाहती है इस बार।”

दृश्य तीन : भोपाल के काँग्रेस दफ़्तर में दिग्विजय सिंह पत्रकारों से घिरे हुए हैं। अजय सिंह को मिले कमरे में जाते हैं और हँस कर कहते हैं “बताओ दस साल का मुख्यमंत्री हूँ, मगर भोपाल में घर नहीं है, एक महीने के लिए सर्किट हाउस में जगह मिलेगी नहीं। इसलिए किराये के मकान में रुका हूँ और पीसीसी में भी अजय सिंह के कमरे में बैठ रहा हूँ। ऐसा पूर्व सीएम मिलेगा कहीं, मगर आप पत्रकार लिख लो काँग्रेस सरकार बनाने जा रही है।” दिग्विजय के ठहाकों को रोकने के लिए सामने से सवाल उछलता है, “आपने अरुण यादव को बलि का बकरा बनाकर बुधनी भेज दिया।” हँसते-हँसते सवालों का जवाब देने वाले दिग्गीराजा गंभीर हो जाते हैं। कहते हैं, “सुनिए, जब 2003 के विधानसभा के चुनाव में बीजेपी ने शिवराज को मेरे ख़िलाफ़ राघौगढ़ से उतारा था, तो मैंने भी कहा था कि उसे बलि का बकरा बना दिया, शिवराज चुनाव तो हार गया, मगर उसका भाग्य इतना प्रबल था कि वह उसी विधानसभा में तीन साल बाद सीएम बना और तेरह साल से सीएम है। इसलिए बलि का बकरा मत कहो। हो सकता है कि अरुण का भाग्य भी जाग जाए और देखो राजनीति में कुछ भी हो सकता है।” सामने बैठे एक पत्रकार ने फिर तीर छोड़ा, तो क्या आप कह रहे हैं कि अरुण यादव एमपी के सीएम बनेंगे। दिग्विजय सँभले और कहा, “नहीं भाई, कौन सीएम बनेगा, कौन नहीं बनेगा, यह नहीं कह

रहा, मगर सीएम के ख़िलाफ़ लड़ने वाले का भाग्य जागता है। यह मैं कहने की कोशिश कर रहा हूँ।" यह कहकर दिग्गी राजा फिर ठहाका लगाते हुए हँस पड़े।

अब देखते हैं बुधनी में भाग्य किसका ज़ोर मारता है।

## 9. ग्यारह तारीख़ को ग्यारह बजे किसके बारह बजे
### (9 दिसम्बर 2018)

बहुत दिनों के बाद उनका फ़ोन आया। नाम देख मैं चौंका। पहले गाहे बगाहे फ़ोन करते थे, मगर पूरे चुनाव के दौरान मुझे भुलाए रखा और राजस्थान में वोटिंग ख़त्म होने के अगले दिन दोपहर को फ़ोन किया, जिस दिन शाम को एक्ज़िट पोल यानी मतदान बाद होने वाले सर्वे के नतीजे आने वाले थे। बड़ा कातर सा स्वर था, "यार अब बर्दाश्त नहीं हो रहा।" मैंने कहा, "क्या?" तो बोले, "बता दो क्या है। नतीजे कौन बना रहा है एमपी में सरकार। मुझे मालूम है शाम को एक्ज़िट पोल दिखाओगे, मगर रहा नहीं जा रहा।" मैंने हँसकर कहा, "जैसे इतने दिन धीरज रखा कुछ घंटे और मगर हाँ सरकार तो उसी पार्टी की बन रही है, जिसको आपने वोट किया है।" "अच्छा ऐसा क्या, तब ठीक है।" यह कहकर उन्होंने फ़ोन  काट दिया।

इधर, चैनल पर एक्ज़िट पोल चल रहे थे, उधर फ़ोन बजा। विदिशा से फ़ोन था। बहुत पुराने मित्र थे। पिछली बातचीत कुछ साल पहले हुई थी। "भाई साब, पिताजी बात करना चाहते हैं।" "अरे! क्यों?" "बस, आज आपको सुबह से याद कर रहे हैं। अभी आपके चैनल पर एक्ज़िट पोल चला, तो कहा बात कराओ।" थोड़ी देर बाद दूसरी तरफ़ से आवाज आई, "बेटा, ये सब सच बता रहे हो क्या।" मैंने पूछ, "क्या?" "अरे, ये सरकार आ रही है या जा रही है।" मैंने कहा, "नहीं ये तो सर्वे हैं। कभी सच होते हैं, कभी ग़लत, तो कभी सही-ग़लत के बीच का परिणाम आता है।" "अरे नहीं, हमें तो ये सब सर्वे सच लग रहा है।" इसके बाद उनके बेटे ने फ़ोन लेकर बताया कि पिताजी पिछले कुछ महीनों से बिस्तर पर हैं। बेहद बीमार है, मगर एक्ज़िट पोल के लिए सुबह से ही इंतज़ार कर रहे थे। जब उनको

लगा कि उनकी बात सही हो रही है, तो आपसे फ़ोन कर कन्फर्म कर लिया। सुबह से तनाव में थे, मगर अब उनके चेहरे पर राहत है।

मगर एक्ज़िट पोल ने राहत तो दोनों दलों को दी है और चैन भी दोनों का ही छीना है। मध्यप्रदेश के विधानसभा चुनावों को लेकर मेरे पास मतदान बाद होने वाले क़रीब दस सर्वे के आंकड़े हैं, जिनमें से सात में बदलाव की हवा दिख रही है। इन सर्वे में एमपी में काँग्रेस की सरकार के आने और बीजेपी की सरकार के जाने का दावा किया जा रहा है। मगर काँग्रेस की जो बढ़त दिखाई जा रही है, वह पिछले चुनाव की बीजेपी जैसी बढ़त नहीं, बल्कि बहुत कम अंतर से काँग्रेस आगे जाती दिख रही है। बीजेपी के लोगों का दावा है कि यह अंतर असल नतीजे आएँगे, तो दूर हो जाएगा, तो काँग्रेसियों का तर्क है कि असल नतीजे इस अंतर को बढ़ा देंगे, यानी नतीजों को अपने अपने पक्ष में करने के तर्क।

तक़रीबन सारे चैनलों पर मतदान बाद सर्वे चलने के बाद से कौन जीत रहा है या क्या होने जा रहा है टाइप के सवाल करने वाले अब शांति धारण किए हुए हैं। वोट देने के सात दिन बाद उनकी चरम पर पहुँची जिज्ञासा को कुछ हद तक सर्वे ने शांत कर दिया है और यही इन सर्वे का मक़सद भी है। द पॉलिटिक्स डॉट इन नाम का पॉलिटिकल स्टार्ट अप चलाने वाले इंदौर के विकास जैन कहते हैं, "वोट करने के बाद मतदाता ने किसे वोट किया, इसे जानने का कोई तरीक़ा या फ़ार्मूला नहीं है, मगर यदि कोई रास्ता है तो ये एक्ज़िट पोल ही हैं, जिनके दम पर आप हवा किस दिशा में बह रही है, यह पता लगा सकते हैं।"

एक्ज़िट पोल कितने सटीक होते हैं, यह जाँचने के लिए बीबीसी ने 2014 से 2018 के बीच दिखाए गए सारे सर्वे का अध्ययन किया, तो कुछ ख़ास बातें सामने आईं। पाया गया कि मतदान बाद होने वाले ये सर्वे जीत की सही भविष्यवाणी करते हैं। विजेता कौन होगा, यह तो ये सर्वे बता देते हैं, मगर जीतने वाली पार्टी कितनी सीटें जीतेगी, यह हमेशा ग़लत ही बताते हैं। वैसे भी सच है कि करोड़ों मतदाताओं में से कुछ हज़ार वोटरों के बीच सर्वे कर सीटों का अंदाज़ा लगाना टेढ़ी खीर है और फिर आजकल का मतदाता तो राग दरबारी के गाँव हरपालगंज के मतदाताओं जैसा हो गया है, जो हर सीधी बात, टेढ़े तरीक़े से बताता है, तो इन टेढ़े-मेढ़े सर्वे में छिपी सीधी सी बात को समझना हर किसी की समझ की बात नहीं होती। वैसे अबकी बार

मध्यप्रदेश में कौन बनेगा मुख्यमंत्री की पहेली को कुछ हद तक तो सर्वे ने सुलझा ही दिया है, बाक़ी पहेली का हल ग्यारह तारीख़ को ग्यारह बजे ही होगा कि किस पार्टी के बारह बजे हैं।

# 10. और देखते देखते एमपी में वक़्त बदल गया
### (16 दिसम्बर 2018)

भोपाल के लिंक रोड पर काँग्रेस दफ़्तर इंदिरा गाँधी भवन के बाहर ऐसा नज़ारा पहले कभी नहीं देखा। रोड के दोनों रास्ते दूर से ही बंद थे और रास्तों पर दोनों तरफ़ गाड़ियों की क़तारें लगी हुई थीं, जिनमें ज्यादातर एसयूवी ही थीं। दफ़्तर आने के रास्तों पर पुलिस की बैरीकेडिंग और चारों तरफ़ भीड़ ही भीड़ काँग्रेस कार्यकर्ताओं और मीडिया दोनों की। सबको इंतज़ार था कि कौन बनेगा मध्यप्रदेश में काँग्रेस सरकार का मुख्यमंत्री। सबकी निगाहें दिल्ली में हो रही राहुल गाँधी की बैठक से छनकर आ रही ख़बरों पर थीं। जहाँ कमलनाथ और ज्योतिरादित्य सिंधिया राहुल गाँधी से मिल रहे थे और वहाँ सीएम का नाम तय हो रहा था। नाम भले ही दिल्ली में तय हो रहा हो, मगर काँग्रेस दफ़्तर के बाहर तो कार्यकर्ता नाम तय करने के लिए गला फाड़े जा रहे थे। एक तरफ़ जय-जय कमलनाथ, तो दूसरी तरफ़ हर दिल पर नाम लिख दिया सिंधिया-सिंधिया। नारेबाज़ी के साथ ही जमकर बैनर, पोस्टर और फ्लेक्स लहरा रहे थे। पीसीसी दफ़्तर के बाहर लाल रंग का डायस बनाया गया था टीवी कैमरों के लिए और वहाँ लगे कैमरों के लिए इससे अच्छे विजुअल्स नहीं हो सकते थे, इसलिए लोकल और रीजनल चैनलों पर ये मारामारी लगातार लाइव चल रही थी। उधर, पीसीसी में अंदर के कमरे में दिग्विजय सिंह खाना खाते हुए ये नारे सुन रहे थे, जब उनसे वहाँ बैठे किसी ने कहा कि यह सब बंद करवाइए, तो उन्होंने हाथ हिलाकर मुस्कराकर कहा, "भाई कार्यकर्ताओं का जोश है, थोड़ी देर बाद ठंडा हो जाएगा।" मगर यह जोश जाकर ठंडा हुआ रात दस बजे, जब यह तय हो गया कि कमलनाथ विधायक दल के नेता यानी मध्यप्रदेश की काँग्रेस सरकार के सीएम होंगे।

रात ग्यारह बजे पहले कमलनाथ और उसके क़रीब बीस मिनिट बाद सिंधिया पार्टी दफ़्तर पहुँचे। तब तक दिसंबर की ठंड में पार्टी दफ़्तर के बाहर राजनीतिक माहौल की गर्मी आ चुकी थी। सिंधिया के नारे ठंडे हो गए थे और एमपी के नाथ 'कमलनाथ-कमलनाथ' के नारे के साथ होर्डिंग, पोस्टर लहराने लगे थे। थोड़ी देर बाद ही अंदर से ख़बर आ गई कि कमलनाथ विधायक दल के नेता चुन लिए गए और नारेबाज़ी तब तक चरम पर जा पहुँची। कमलनाथ बाहर अपने कार्यकर्ताओं के सामने आते पाते, इससे पहले ही आ पहुँचे सिंधिया, जिनका चेहरा तमतमाया हुआ था, मगर अपने समर्थकों की भीड़ देख मुस्करा कर मराठी में पूछा, "तुम सब ऐसा क्यों कर रहे हो भाई?" और फिर वे गाड़ी में बैठकर चलते बने। थोड़ी देर बाद मुस्कराते हुए निकले कमलनाथ। विधायक दल का नेता चुने जाने की खुशी कमलनाथ के चेहरे पर दिख रही थी। आमतौर पर आते ही गाड़ी में आगे की सीट पर बैठकर चल देने वाले कमलनाथ पंद्रह मिनिट तक समर्थकों की ओर देख हाथ हिलाते रहे और इस क्षण को जीते हुए दिखे, जिसके लिए वे पिछले आठ महीने से मेहनत कर रहे थे और इसी दिन का सपना संजोए हुए थे। और रात क़रीब साढ़े बारह तक काँग्रेस दफ़्तर पर दोपहर से बिखरी रौनक़ धीरे-धीरे ढलने लगी।

पत्रकार होने का यही फ़ायदा होता है कि आप बहुत सारी घटनाओं को क़रीब से देखते और महसूस करते हैं। बाद में यही घटनाएँ इतिहास बन जाती हैं। वैसे भी कहा जाता है कि पत्रकारिता जल्दबाज़ी में लिखा गया इतिहास होता है। मुझे याद आ रहा था 2003 का वह चुनाव, जब भरोसा नहीं होता था कि दिग्विजय सिंह की दस साल पुरानी सरकार कैसे गिरेगी। मगर चुनाव हुआ और उमा भारती के जोश को जनता के वोटों ने हवा दी और दस साल से जमी काँग्रेस भरभराकर गिर पड़ी। ठीक यही सोचा जा रहा था शिवराज सरकार के बारे में। लोग हैरान होते थे कि शिवराज की पंद्रह साल पुरानी और घनघोर लोकप्रिय नेता की सरकार कैसे गिरेगी। जब हमारे चैनल के सर्वे काँग्रेस की सरकार बनते दिखाते थे, तो लोग सवाल उठाते थे और उनका पहला सवाल होता था कि पिछले चुनाव में बीजेपी और काँग्रेस के बीच वोट प्रतिशत में दस फ़ीसदी का फ़र्क़ था, तो इस अंतर को काँग्रेस कैसे पाट पाएगी। काँग्रेस ने ऐसा क्या कर दिया कि जनता उसको हाथों-हाथ लेगी और एमपी का राजपाट पाट देगी, मगर सवाल उठाने वाले

लोग भूल जाते थे कि जनता जब चुनती है, तो पुराना इतिहास नहीं देखती, जो पसंद आता है, उसे चुनती है और जो नापसंद है, उसे उठाकर अगले पाँच साल के लिए कूड़ेदान में फेंक देती है अपनी गलतियों का प्रायश्चित करने के लिए। और इस बार तो और ग़ज़ब हुआ है। बीजेपी को काँग्रेस के मुक़ाबले कुल वोट ज़्यादा मिले हैं। वोट प्रतिशत भी ज़्यादा पाया है, मगर काँग्रेस वोट और प्रतिशत में पिछड़ कर सीटें ज़्यादा पा गई। यही लोकतंत्र की पहेली है, जिसे समझना मुश्किल है, मगर काँग्रेस के नारे का असर हुआ और अब मध्यप्रदेश में वक़्त बदल गया है।

# 11. वो आया, उसने देखा और उसने जीता
## (23 दिसम्बर 2018)

एक बहुत ही प्रसिद्ध मूल लैटिन मुहावरा है *ही केम, ही सॉ, ही कॉन्कर्ड*। आम तौर पर बड़े लड़ाकों के लिए इसका उपयोग किया जाता है। माना जाता है कि एक त्वरित जीत के बाद जूलियस सीज़र ने रोमन सीनेट को 47 ईसा पूर्व में भेजी चिट्टी में इस मुहावरे का इस्तेमाल किया था। उन्होंने लिखा था- Veni, vidi, vici जिसका अर्थ है *आई केम, आई सॉ, आई कॉन्कर्ड*। मगर मुझे यहाँ इस मुहावरे की याद कमलनाथ के लिए आ रही है। सात महीने पहले जब कमलनाथ को राहुल गाँधी ने एमपी काँग्रेस का अध्यक्ष बनाकर बीजेपी की सरकार पलटने का काम सौंपा था, तो लोग हैरान थे कि शिवराज सिंह चौहान सरीखे सालों से जमे-जमाए लोकप्रिय नेता के मुक़ाबले कैसे उम्रदराज और उस नेता को ज़िम्मेदारी दी है, जो एमपी में महाकौशल तक ही सीमित रहा है। जो नौ बार छिंदवाड़ा से लोकसभा का सांसद ज़रूर है, मगर उसने अपने आपको महाकौशल तक ही सिमटा कर रखा है। जिसका भोपाल में सीएम हाउस के पास बड़ा बंगला ज़रूर है, मगर उसमें वह सालों से कभी आया नहीं है। प्रदेश काँग्रेस के दफ़्तर में, जिसने कभी पूरा दिन नहीं गुज़ारा, वह क्या उस शिवराज सिंह का मुक़ाबला करेगा, जिसकी सक्रियता से उनके विरोधी भी डरते हैं, जो सुबह भोपाल में नाश्ता कर दौरे पर निकलता है, तो दोपहर का खाना रीवा में तो रात का भोजन ग्वालियर में करके लौटता है। मगर प्रदेश अध्यक्ष चुने जाने के बाद जब हम पहली बार कमलनाथ से मिले, तो उनके आत्मविश्वास को देखकर हैरान थे।

जब हमने कहा, "आपको छह महीने पहले ही यह ज़िम्मेदारी मिली है, कितना कुछ कर पाएँगे?" तो उन्होंने कहा, "मेरे पास वक़्त कम और काम ज़्यादा है, मगर मेरी तैयारी बहुत पहले से है। प्रदेश में शिवराज सरकार के ख़िलाफ़ नाराज़गी ज़्यादा है, इसलिए मुझे भरोसा है जनता काँग्रेस पर भरोसा जताएगी और हम पुरानी गलतियाँ नहीं दोहराएँगे और आपको जीत कर दिखाएँगे।"

और जिस अंदाज़ में कमलनाथ ने काँग्रेस को जिताकर पंद्रह साल के सत्ता के वनवास से उबारा है, वह राजनीति के किसी भी जानकार के लिए अध्ययन का विषय है। कमलनाथ ने आते ही पहले तो नेताओं के गुटों में बिखरे काँग्रेस संगठन को एकजुट किया। उनकी उम्र और अनुभव के कारण यह काम उनके लिए आसान रहा। कमलनाथ की बात छोटे-बड़े सारे नेता मानते थे और आलाकमान भी कभी उनके आड़े नहीं आया। कमलनाथ का हर आदेश आख़िरी होता था। कमलनाथ ने अपनी टीम में दिग्विजय सिंह को रखा, तो ज्योतिरादित्य सिंधिया को भी पूरी तरज़ीह दी। बीजेपी के सोशल मीडिया के मुक़ाबले के लिए अपनी टीम बनाई। प्रदेश की सारी विधानसभा सीटों का विश्लेषण और ताक़त, कमजोरियों का ब्योरा अपने पास रखा। संसाधनों की कमी से जूझ रही प्रदेश काँग्रेस कमेटी को सहारा दिया और लगातार संवाद बनाए रखा काँग्रेस कार्यकर्ताओं और जातिगत सामाजिक संगठनों से। इसी का असर रहा कि काँग्रेस न केवल मुक़ाबले में उतरी, बल्कि क़रीबी मुक़ाबला जीता भी, जबकि ऐसे नज़दीकी चुनाव जीतने का अनुभव बीजेपी के पास ज़्यादा था। कमलनाथ का मुक़ाबला चुनाव जीतने वाली टीम बन चुकी संगठित बीजेपी से था, जिसके लिए उन्होंने न केवल काँग्रेस कार्यकर्ता में उत्साह भरा, बल्कि उनको भरोसा भी दिलाया कि वे सरकार बना सकते हैं। चुनाव प्रचार के दौरान कई बार लगा कि यहाँ पर काँग्रेस गच्चा खा गई। अब काँग्रेस पिटी यहाँ, पर काँग्रेस से मणिशंकर अय्यर जैसी ग़लती हुई, मगर कमलनाथ ने उन सारी भूलों को न केवल अपने ऊपर लिया, बल्कि उन ग़लतियों को ताक़त बनाया, फिर चाहे मुसलमानों वाला वीडियो हो या फिर वचन-पत्र में आरएसएस का जिक्र करने की बात। कमलनाथ ने हर बार आगे आकर कहा कि कुछ ग़लत नहीं किया, जो कर रहे हैं, वह ठीक है। इससे काँग्रेस का कार्यकर्ता पूरे चुनाव के दौरान हतोत्साहित नहीं हुआ और सरकार बनाने की ज़िद से जुटा रहा। मतगणना के दिन भी कमलनाथ कंपनी ने ग़ज़ब काम किया। कमलनाथ,

सिंधिया और दिग्विजय की तिकड़ी पीसीसी के तीसरे माले पर सुबह ग्यारह बजे से रात तीन बजे तक डटी रही। सारे उम्मीदवारों से संपर्क में रही। फँसी हुई सीट निकलवाने के लिए कलेक्टरों से बात करती रही और पार्टी को बीजेपी से आगे ले जाकर ही मानी। कमलनाथ की अगुआई में काँग्रेस बहुमत से थोड़ा पीछे भले ही रह गई हो, मगर तुरंत बीएसपी और एसपी से बात कर ली और अपने बाग़ी जो निर्दलीय बन जीते थे, उनको अपने साथ लेने की घेराबंदी भी कर ली। देर रात तक जो बीजेपी अगले दिन सरकार बनाने का दावा करने जा रही थी, वह अगली सुबह तक ठंडी पड़ चुकी थी।

कमलनाथ ने विधानसभा चुनाव जीतने की चुनौती तो पार कर ली है, मगर अब प्रदेश के लोगों की उम्मीदों पर खरा उतरने की लड़ाई बाक़ी है।

विधनसभा चुनाव परिणामों की सूची

| क्षेत्र | क्रमांक | जीते प्रत्याशी | दल | पराजित प्रत्याशी | दल | अंतर |
|---|---|---|---|---|---|---|
| श्योपुर | 1 | बाबू जांदेल | काँग्रेस | दुर्गा लाल विजय | भाजपा | 41710 |
| विजयपुर | 2 | सीताराम | भाजपा | रामनिवास रावत | काँग्रेस | 2840 |
| सबलगढ़ | 3 | बैजनाथ कुशवाह | काँग्रेस | लाल सिंह केवट | बसपा | 8737 |
| जौरा | 4 | बनवारीलाल शर्मा | काँग्रेस | मनीराम धाकड़ | बसपा | 15173 |
| सुमावली | 5 | अदल सिंह कंसाना | काँग्रेस | अजब सिंह कुशवाह | भाजपा | 13313 |
| मुरैना | 6 | रघुराज सिंह | काँग्रेस | रुस्तम सिंह | भाजपा | 20849 |
| दिमनी | 7 | गिरराज दंडोतिया | काँग्रेस | शिव मंगल सिंह तोमर | भाजपा | 18477 |
| अम्बाह | 8 | कमलेश जाटव | काँग्रेस | नेहा किन्नर | निर्दलीय | 7547 |
| अटेर | 9 | अरविंद सिंह भदौरिया | भाजपा | हेमंत कटारे | काँग्रेस | 4978 |
| भिंड | 10 | संजीव सिंह | बसपा | चौधरी राकेश सिंह | भाजपा | 35896 |
| लहार | 11 | डॉ. गोविंद सिंह | काँग्रेस | रसल सिंह | भाजपा | 9073 |
| मेहगांव | 12 | ओपीएस भदौरिया | काँग्रेस | राकेश शुक्ला | भाजपा | 25814 |
| गोहद | 13 | रणवीर जाटव | काँग्रेस | लाल सिंह आर्य | भाजपा | 23989 |

| क्षेत्र | क्र. | विजेता | पार्टी | उपविजेता | पार्टी | अंतर |
|---|---|---|---|---|---|---|
| ग्वालियर ग्रामीण | 14 | भरत सिंह कुशवाहा | भाजपा | साहब सिंह गुर्जर | बसपा | 1517 |
| ग्वालियर | 15 | प्रदुम्न सिंह तोमर | काँग्रेस | जयभान सिंह पवैया | भाजपा | 21044 |
| ग्वालियर ईस्ट | 16 | मुन्नालाल गोयल | काँग्रेस | सतीश सिंह सिकरवार | भाजपा | 17819 |
| ग्वालियर साउथ | 17 | प्रवीण पाठक | काँग्रेस | नारायण सिंह | भाजपा | 121 |
| भितरवार | 18 | लखन यादव | काँग्रेस | अनूप मिश्रा | भाजपा | 12130 |
| डबरा | 19 | इमरती देवी | काँग्रेस | कप्तान सिंह | भाजपा | 57446 |
| सेवढ़ा | 20 | घनश्याम सिंह | काँग्रेस | राधेलाल बघेल | भाजपा | 33268 |
| भांडेर | 21 | रक्षा संतराम सरोनिया | काँग्रेस | रजनी प्रजापति | भाजपा | 39896 |
| दतिया | 22 | डॉ. नरोतम मिश्रा | भाजपा | भारती राजेन्द्र | काँग्रेस | 2656 |
| करेरा | 23 | जसवंत जाटव | काँग्रेस | राजकुमार खटीक | भाजपा | 14824 |
| पोहरी | 24 | सुरेश धाकड़ | काँग्रेस | कैलाश कुशवाह | बसपा | 7918 |
| शिवपुरी | 25 | यशोधरा राजे सिंधिया | भाजपा | सिद्धार्थ लाढ़ा | काँग्रेस | 28748 |
| पिछोर | 26 | केपी सिंह | काँग्रेस | प्रीतम लोधी | भाजपा | 2675 |
| कोलारस | 27 | बृजेन्द्र रघुवंशी | भाजपा | महेंद्र यादव | काँग्रेस | 720 |
| बमौरी | 28 | महेंद्र सिंह सिसौदिया | काँग्रेस | बृजमोहन सिंह | भाजपा | 27920 |
| गुना | 29 | गोपीलाल जाटव | भाजपा | चंद्रप्रकाश अहिरवार | काँग्रेस | 33667 |

| | | | | | | |
|---|---|---|---|---|---|---|
| चाचौड़ा | 30 | लक्ष्मण सिंह | काँग्रेस | ममता मीना | भाजपा | 9797 |
| राघौगढ़ | 31 | जयवर्धन सिंह | काँग्रेस | भूपेंद्र सिंह | भाजपा | 46697 |
| अशोक नगर | 32 | जजपाल सिंह | काँग्रेस | लड्डूराम कोरी | भाजपा | 9730 |
| चंदेरी | 33 | गोपाल सिंह चौहान | काँग्रेस | भूपेंद्र द्विवेदी | भाजपा | 4175 |
| मुंगावली | 34 | ब्रजेन्द्र सिंह यादव | काँग्रेस | डॉ. कृष्ण पाल सिंह | भाजपा | 2136 |
| बीना | 35 | महेश राय | भाजपा | शशि कठोरिया | काँग्रेस | 632 |
| खुरई | 36 | भूपेंद्र सिंह | भाजपा | अरुणोदय चौबे | काँग्रेस | 15295 |
| सुरखी | 37 | गोविंद सिंह राजपूत | काँग्रेस | सुधीर यादव | भाजपा | 21418 |
| देवरी | 38 | हर्ष यादव | काँग्रेस | तेज सिंह राजपूत | भाजपा | 4304 |
| रहली | 39 | गोपाल भार्गव | भाजपा | कमलेश साहू | काँग्रेस | 26888 |
| नरयावली | 40 | प्रदीप लारिया | भाजपा | सुरेंद्र चौधरी | काँग्रेस | 8900 |
| सागर | 41 | शैलेन्द्र जैन | भाजपा | नवी जैन | काँग्रेस | 17366 |
| बण्डा | 42 | तारबार सिंह | काँग्रेस | हरवंश राठौर | भाजपा | 24164 |
| टीकमगढ़ | 43 | राकेश गिरी | भाजपा | यादवेंद्र सिंह | काँग्रेस | 4175 |
| जतारा | 44 | खटीक हरिशंकर | भाजपा | आरआर बंसल | महान दल | 36715 |
| पृथ्वीपुर | 45 | ब्रजेन्द्र सिंह राठौर | काँग्रेस | शिशुपाल यादव | समाजवादी पार्टी | 7620 |

| | | | | | | |
|---|---|---|---|---|---|---|
| निवारी | 46 | अनिल जैन | भाजपा | मीरा दीपक यादव | समाजवादी पार्टी | 8837 |
| खड़गपुर | 47 | राहुल सिंह लोधी | भाजपा | चंदा सुरेंद्र सिंह गौर | काँग्रेस | 11665 |
| महाराजपुर | 48 | नीरज दीक्षित | काँग्रेस | मानवेन्द्र सिंह | भाजपा | 14005 |
| चंदला | 49 | राजेश कुमार प्रजापति | भाजपा | अनुरागी हरप्रसाद | काँग्रेस | 1177 |
| राजनगर | 50 | विक्रम सिंह | काँग्रेस | अरविंद पटैरिया | भाजपा | 732 |
| छतरपुर | 51 | आलोक चतुर्वेदी | काँग्रेस | अर्चना गुड्डू सिंह | भाजपा | 3495 |
| बिजावर | 52 | राजेश कुमार | समाजवादी पार्टी | पुष्पेंद्र पाठक | भाजपा | 36714 |
| मलहारा | 53 | कुँवर प्रद्युम्न सिंह | काँग्रेस | ललिता यादव | भाजपा | 15779 |
| पथरिया | 54 | रामबाई गोविंद सिंह | बसपा | लाखन पटेल | भाजपा | 2205 |
| दमोह | 55 | राहुल सिंह | काँग्रेस | जयंत मलैया | भाजपा | 798 |
| जबेरा | 56 | धर्मेंद्र भाव सिंह लोधी | भाजपा | प्रताप सिंह | काँग्रेस | 3485 |
| हटा | 57 | पुरषोत्तम रामकली तंतुवाय | भाजपा | हरिशंकर चौधरी | काँग्रेस | 19905 |
| पवई | 58 | प्रह्लाद लोधी | भाजपा | मुकेश नायक | काँग्रेस | 23680 |
| गुन्नौर | 59 | शिवदयाल बागरी | काँग्रेस | राजेश कुमार वर्मा | भाजपा | 1984 |
| पन्ना | 60 | बृजेन्द्र प्रताप सिंह | भाजपा | शिवजीत सिंह | काँग्रेस | 20708 |
| चित्रकूट | 61 | नीलांशु चतुर्वेदी | काँग्रेस | सुरेंद्र सिंह | भाजपा | 10198 |

| | | | | | | |
|---|---|---|---|---|---|---|
| रैगाँव | 62 | जुगल किशोर बागरी | भाजपा | कल्पना वर्मा | काँग्रेस | 17421 |
| सतना | 63 | डब्बू सिद्धार्थ कुशवाह | काँग्रेस | शंकरलाल तिवारी | भाजपा | 12558 |
| नागौद | 64 | नागेंद्र सिंह | भाजपा | यादवेंद्र सिंह | काँग्रेस | 1234 |
| मैहर | 65 | नारायण त्रिपाठी | भाजपा | श्रीकांत चतुर्वेदी | काँग्रेस | 2984 |
| अमरपाटन | 66 | रामखेलावन पटेल | भाजपा | डॉ. राजेन्द्र सिंह | काँग्रेस | 3747 |
| रामपुर बघेलान | 67 | विक्रम सिंह | भाजपा | रामलखन सिंह पटेल | बसपा | 15687 |
| सिरमौर | 68 | दिव्यराज सिंह | भाजपा | डॉ. अरुणा तिवारी | काँग्रेस | 13401 |
| सेमरिया | 69 | केपी त्रिपाठी | भाजपा | त्रियुगी नारायणी शुक्ला | काँग्रेस | 7776 |
| त्योंथर | 70 | श्याम लाल द्वेदी | भाजपा | रामशंकर सिंह | काँग्रेस | 5343 |
| मऊगंज | 71 | प्रदीप पटेल | भाजपा | सुखेन्द्र सिंह | काँग्रेस | 11092 |
| देवतालाब | 72 | गिरीश गौतम | भाजपा | सीमा सेंगर | बसपा | 1080 |
| मनगवां | 73 | पंचुलाल प्रजापति | भाजपा | बबीता साकेत | काँग्रेस | 18530 |
| रीवा | 74 | राजेन्द्र शुक्ला | भाजपा | अभय मिश्रा | काँग्रेस | 18089 |
| गूढ़ | 75 | नागेंद्र सिंह | भाजपा | कपिध्वज सिंह | सपा | 7828 |
| चुरहट | 76 | शरदेन्दु तिवारी | भाजपा | अजय अर्जुन सिंह | काँग्रेस | 6402 |
| सीधी | 77 | केदारनाथ शुक्ल | भाजपा | कमलेश्वर द्विवेदी | काँग्रेस | 19986 |

| | | | | | |
|---|---|---|---|---|---|
| सिहावल | 78 | कमलेश्वर कुमार | काँग्रेस | शिव बहादुर सिंह | भाजपा | 31506 |
| चितरंगी | 79 | अमर सिंह | भाजपा | सरस्वती सिंह | काँग्रेस | 59248 |
| सिंगरौली | 80 | राम लल्लू वैश्य | भाजपा | रेणु शाह | काँग्रेस | 3726 |
| देवसर | 81 | सुभाष राम चरित्र | भाजपा | बंशमानी वर्मा | काँग्रेस | 10678 |
| धौहनी | 82 | कुँवर सिंह टेकाम | भाजपा | कमलेश सिंह | काँग्रेस | 3793 |
| ब्यौहारि | 83 | कोल शरद जुगल | भाजपा | तेज प्रताप सिंह उइके | गोंडवाना गणतंत्र पार्टी | 32450 |
| जयसिंहनगर | 84 | जयसिंह मरावी | भाजपा | ध्यान सिंह मार्को | काँग्रेस | 17267 |
| जैतपुर | 85 | मनीषा सिंह | भाजपा | उमा धुर्वे | काँग्रेस | 4216 |
| कोतमा | 86 | सुनील सराफ | काँग्रेस | दिलीप जयसवाल | भाजपा | 11429 |
| अनूपपुर | 87 | बिशुलाल सिंह | काँग्रेस | रामलाल रौतेल | भाजपा | 11561 |
| पुष्पराजगढ़ | 88 | फुन्देलाल सिंह मार्को | काँग्रेस | नरेंद्र सिंह मरावी | भाजपा | 21401 |
| बाँधवगढ़ | 89 | शिवनारायण सिंह | भाजपा | ध्यान सिंह | काँग्रेस | 3903 |
| मानपुर | 90 | मीना सिंह | भाजपा | ज्ञानवती सिंह | काँग्रेस | 18655 |
| बड़वारा | 91 | विजय राघवेंद्र सिंह | काँग्रेस | मोती कश्यप | भाजपा | 21360 |
| विजयराघवगढ़ | 92 | संजय पाठक | भाजपा | पद्मा शुक्ला | काँग्रेस | 13738 |
| मुड़वारा | 93 | संदीप श्रीप्रसाद जयसवाल | भाजपा | मिथलेश जैन | काँग्रेस | 16080 |

| | | | | | | |
|---|---|---|---|---|---|---|
| बहोरीबंद | 94 | प्रणय प्रभात पांडे | भाजपा | सौरभ सिंह | काँग्रेस | 16435 |
| पाटन | 95 | अजय विश्नोई | भाजपा | नीलेश अवस्थी | काँग्रेस | 26712 |
| बरगी | 96 | संजय यादव | काँग्रेस | प्रतिभा सिंह | भाजपा | 17563 |
| जबलपुर ईस्ट | 97 | लाखन घनघोरिया | काँग्रेस | अंचल सोनकर | भाजपा | 35136 |
| जबलपुर नार्थ | 98 | विनय सक्सेना | काँग्रेस | शरद जैन | भाजपा | 578 |
| जबलपुर कैंट | 99 | अशोक रोहाणी | भाजपा | आलोक मिश्रा | काँग्रेस | 26585 |
| जबलपुर वेस्ट | 100 | तरुण भानोत | काँग्रेस | हरेंद्रजीत सिंह | भाजपा | 18683 |
| पनागर | 101 | सुशील कुमार तिवारी | भाजपा | भरत सिंह यादव | निर्दलीय | 41733 |
| सिहोरा | 102 | नंदनी मरावी | भाजपा | खिलाड़ी सिंह | काँग्रेस | 6823 |
| शाहपुरा | 103 | भूपेंद्र मरावी | काँग्रेस | ओमप्रकाश धुर्वे | भाजपा | 33960 |
| डिंडौरी | 104 | ओमकार सिंह मरकाम | काँग्रेस | जयसिंह मरावी | भाजपा | 32050 |
| बिछिया | 105 | नारायण सिंह पट्टा | काँग्रेस | डॉ. शिवराज सिंह | भाजपा | 21388 |
| निवास | 106 | अशोक मसकोले | काँग्रेस | रामप्यारे कुलस्ते | भाजपा | 28315 |
| मंडला | 107 | देव सिंह सैयम | भाजपा | संजीव उइके | काँग्रेस | 12205 |
| बैहर | 108 | संजय उइके | काँग्रेस | अनुपम नेताम | भाजपा | 16480 |
| लांजी | 109 | हिना कावरे | काँग्रेस | रमेश भारती | भाजपा | 18696 |

| | | | | | | |
|---|---|---|---|---|---|---|
| परसवाड़ा | 110 | रामकिशोर कावरे | भाजपा | कंकार मुंजरे | सपा | 9608 |
| बालाघाट | 111 | गौरीशंकर बिसेन | भाजपा | अनुभा मुंजरे | सपा | 27654 |
| वारासिवनी | 112 | प्रदीप जयसवाल | निर्दलीय | योगेंद्र निर्मल | भाजपा | 3862 |
| कटंगी | 113 | तामलाल सहारे | काँग्रेस | केडी देशमुख | भाजपा | 11750 |
| बरघाट | 114 | अर्जुन सिंह | काँग्रेस | नरेश वरकड़े | भाजपा | 7527 |
| सिवनी | 115 | दिनेश राय | भाजपा | मोहन चंदेल | काँग्रेस | 22008 |
| केवलारी | 116 | राकेश पाल | भाजपा | रजनीश सिंह | काँग्रेस | 6679 |
| लखनादौन | 117 | योगेंद्र सिंह | काँग्रेस | विजय उइके | भाजपा | 12276 |
| गोटेगांव | 118 | नर्मदा प्रसाद प्रजापति | काँग्रेस | कैलाश जाटव | भाजपा | 12583 |
| नरसिंहपुर | 119 | जालम सिंह पटेल | भाजपा | लाखन पटेल | काँग्रेस | 14903 |
| तेंदुखेड़ा | 120 | संजय शर्मा | काँग्रेस | विश्वनाथ पटेल | भाजपा | 8643 |
| गाडरवारा | 121 | सुनीता पटेल | काँग्रेस | गौतम पटेल | भाजपा | 15363 |
| जुन्नारदेव | 122 | सुनील कौल | काँग्रेस | आशीष ठाकुर | भाजपा | 22688 |
| अमरवाड़ा | 123 | कमलेश शाह | काँग्रेस | मनमोहन बट्टी | गोंगपा | 10393 |
| चौरई | 124 | चौधरी सुजीत सिंह | काँग्रेस | रमेश दुबे | भाजपा | 13004 |
| सौंसर | 125 | विजय चौरे | काँग्रेस | नानाभाऊ मोहोद | भाजपा | 20472 |

| | | | | | |
|---|---|---|---|---|---|
| छिंदवाड़ा | 126 | दीपक सक्सेना | काँग्रेस | चौधरी चंद्रभान सिंह | भाजपा | 14547 |
| परासिया | 127 | सोहनलाल बाल्मीक | काँग्रेस | ताराचंद बावरिया | भाजपा | 12734 |
| पांढुर्ना | 128 | नीलेश उइके | काँग्रेस | टीकाराम कोराची | भाजपा | 21349 |
| मुलताई | 129 | सुखदेव पांसे | काँग्रेस | राजा पवार | भाजपा | 17250 |
| आमला | 130 | योगेश पंडाग्रे | भाजपा | मनोज मालवे | काँग्रेस | 19197 |
| बैतूल | 131 | निलय डागा | काँग्रेस | हेमंत खंडेलवाल | भाजपा | 21645 |
| घोड़ाडोंगरी | 132 | ब्रह्मा भलावी | काँग्रेस | गीता उइके | भाजपा | 17927 |
| भैंसदेही | 133 | धरमु सिंह सिरसाम | काँग्रेस | महेंद्र चौहान | भाजपा | 30880 |
| टिमरनी | 134 | संजय शाह | भाजपा | अभिजीत शाह | काँग्रेस | 2213 |
| हरदा | 135 | कमल पटेल | भाजपा | रामकिशोर दोगने | काँग्रेस | 6667 |
| सिवनी मालवा | 136 | प्रेमशंकर कुंजीलाल वर्मा | भाजपा | ओमप्रकाश हज़ारीलाल | काँग्रेस | 11604 |
| होशंगाबाद | 137 | डॉ. सीताशरण शर्मा | भाजपा | सरताज सिंह | काँग्रेस | 15217 |
| सोहागपुर | 138 | विजयपाल सिंह | भाजपा | सतपाल पलिया | काँग्रेस | 11417 |
| पिपरिया | 139 | ठाकुरदास नागवंशी | भाजपा | हरीश बेमन | काँग्रेस | 18130 |
| उदयपुरा | 140 | देवेंद्र पटेल | काँग्रेस | रामकिशन पटेल | भाजपा | 8001 |
| भोजपुर | 141 | सुरेंद्र पटवा | भाजपा | सुरेश पचौरी | काँग्रेस | 29486 |

| सांची | 142 | प्रभुराम चौधरी | काँग्रेस | मुदित शेजवार | भाजपा | 10813 |
| सिलवानी | 143 | रामपाल सिंह | भाजपा | देवेंद्र पटेल | काँग्रेस | 7072 |
| विदिशा | 144 | शशांक भार्गव | काँग्रेस | मुकेश टंडन | भाजपा | 15454 |
| बासौदा | 145 | लीना जैन | भाजपा | निशांक जैन | काँग्रेस | 10226 |
| कुरवाई | 146 | हरिसिंह सप्रे | भाजपा | सुभाष बोहट | काँग्रेस | 16695 |
| सिरोंज | 147 | उमाकांत शर्मा | भाजपा | मसरंत शाहिद | काँग्रेस | 34734 |
| शमशाबाद | 148 | राजश्री प्रताप सिंह | भाजपा | ज्योत्सना यादव | काँग्रेस | 7340 |
| बैरसिया | 149 | विष्णु खत्री | भाजपा | जयश्री हरिकरण | काँग्रेस | 13779 |
| भोपाल उत्तर | 150 | आरिफ अकील | काँग्रेस | फातिमा सिद्दकी | भाजपा | 34857 |
| नरेला | 151 | विश्वास सारंग | भाजपा | महेंद्र चौहान | काँग्रेस | 23151 |
| भोपाल दक्षिण-पश्चिम | 152 | पीसी शर्मा | काँग्रेस | उमाशंकर गुप्ता | भाजपा | 6587 |
| भोपाल मध्य | 153 | आरिफ मसूद | काँग्रेस | सुरेंद्रनाथ सिंह | भाजपा | 14757 |
| गोविंदपुरा | 154 | कृष्णा गौर | भाजपा | गिरीश शर्मा | काँग्रेस | 46359 |
| हुजूर | 155 | रामेश्वर शर्मा | भाजपा | नरेश ज्ञानचंदानी | काँग्रेस | 15725 |
| बुधनी | 156 | शिवराज सिंह चौहान | भाजपा | अरुण यादव | काँग्रेस | 58999 |
| आष्टा | 157 | रघुनाथ सिंह मालवीय | भाजपा | गोपाल सिंह | काँग्रेस | 6044 |

| इछावर | 158 | करण वर्मा | भाजपा | शैलेंद्र पटेल | काँग्रेस | 15869 |
| सीहोर | 159 | सुदेश राय | भाजपा | सुरेंद्र ठाकुर | काँग्रेस | 20644 |
| नरसिंहगढ़ | 160 | राज्यवर्धन सिंह | भाजपा | गिरीश भंडारी | काँग्रेस | 9534 |
| ब्यावरा | 161 | गोवर्धन सिंह | काँग्रेस | नारायण सिंह | भाजपा | 826 |
| राजगढ़ | 162 | बापूसिंह तंवर | काँग्रेस | अमर यादव | भाजपा | 31183 |
| खिलचीपुर | 163 | प्रियव्रत सिंह | काँग्रेस | हज़ारीलाल दांगी | भाजपा | 29756 |
| सारंगपुर | 164 | कुंवरजी कोठार | भाजपा | कला महेश मालवीय | काँग्रेस | 4381 |
| सुसनेर | 165 | विक्रम राणा | निर्दलीय | भैरव सिंह बापू | काँग्रेस | 27062 |
| आगर | 166 | मनोहर ऊंटवाल | भाजपा | विपिन वानखेड़े | काँग्रेस | 2490 |
| शाजापुर | 167 | कराड़ा हुकुमसिंह | काँग्रेस | अरुण भीमावड़ | भाजपा | 44979 |
| शुजालपुर | 168 | इंदर सिंह परमार | भाजपा | रामवीर सिकरवार | काँग्रेस | 5623 |
| कालापीपल | 169 | कुणाल चौधरी | काँग्रेस | बाबूलाल वर्मा | भाजपा | 13699 |
| सोनकच्छ | 170 | सज्जन सिंह वर्मा | काँग्रेस | राजेंद्र वर्मा | भाजपा | 9818 |
| देवास | 171 | गायत्री पवार | भाजपा | ठाकुर जयसिंह | काँग्रेस | 27987 |
| हाटपिपलिया | 172 | मनोज चौधरी | काँग्रेस | दीपक जोशी | भाजपा | 13519 |
| खातेगांव | 173 | आशीष शर्मा | भाजपा | ओम पटेल | काँग्रेस | 7772 |

| | | | | | |
|---|---|---|---|---|---|
| बागली | 174 | कन्नौजे पहाड़सिंह | भाजपा | कमल वासकले | कॉंग्रेस | 11843 |
| मान्धाता | 175 | नारायण पटेल | कॉंग्रेस | नरेंद्र तोमर | भाजपा | 1236 |
| हरसूद | 176 | विजय शाह | भाजपा | सुखराम साल्वे | कॉंग्रेस | 18949 |
| खंडवा | 177 | देवेंद्र शर्मा | भाजपा | कुंदन मालवीय | कॉंग्रेस | 19137 |
| पंधाना | 178 | राम डोंगरे | भाजपा | छाया मोरे | कॉंग्रेस | 23750 |
| नेपानगर | 179 | सुमित्रा देवी | कॉंग्रेस | मंजू दादू | भाजपा | 1264 |
| बुरहानपुर | 180 | सुरेंद्र सिंह | निर्दलीय | अर्चना चिटनिस | भाजपा | 5120 |
| भीकनगांव | 181 | ध्यानसिंह सोलंकी | कॉंग्रेस | ढूल सिंह डावर | भाजपा | 27257 |
| बड़वाह | 182 | सचिन बिरला | कॉंग्रेस | हितेंद्र सोलंकी | भाजपा | 30508 |
| महेश्वर | 183 | विजयलक्ष्मी साधौ | कॉंग्रेस | मेव राजकुमार | निर्दलीय | 35836 |
| कसरावद | 184 | सचिन यादव | कॉंग्रेस | आत्माराम पटेल | भाजपा | 5539 |
| खरगौन | 185 | रवि जोशी | कॉंग्रेस | बालकृष्ण पाटीदार | भाजपा | 9512 |
| भगवानपुर | 186 | केदार डावर | निर्दलीय | जमनासिंह सोलंकी | भाजपा | 9716 |
| सेंधवा | 187 | ग्यारसीलाल रावत | कॉंग्रेस | अंतरसिंह आर्य | भाजपा | 15878 |
| राजपुर | 188 | बाला बच्चन | कॉंग्रेस | अंतरसिंह पटेल | भाजपा | 932 |
| पानसेमल | 189 | सुश्री किराड़े | कॉंग्रेस | दीवान सिंह पटेल | भाजपा | 25222 |

| बड़वानी | 190 | प्रेमसिंह पटेल | भाजपा | राजन मंडलोई | निर्दलीय | 38787 |
| अलीराजपुर | 191 | मुकेश रावत | काँग्रेस | नागर सिंह | भाजपा | 21962 |
| जोबट | 192 | कलावती भूरिया | काँग्रेस | माधोसिंह डावर | भाजपा | 2056 |
| झाबुआ | 193 | गुमानसिंह डामोर | भाजपा | विक्रांत भूरिया | काँग्रेस | 10437 |
| थांदला | 194 | भूरिया वीरसिंह | काँग्रेस | कालसिंह भाबर | भाजपा | 31151 |
| पेटलावद | 195 | मैदावाल सिंह | काँग्रेस | निर्मला भूरिया | भाजपा | 5000 |
| सरदारपुर | 196 | प्रताप ग्रेवाल | काँग्रेस | संजय बघेल | भाजपा | 36205 |
| गंधवानी | 197 | उमांग सिंघार | काँग्रेस | सरदार सिंह मेढा | भाजपा | 38831 |
| कुक्षी | 198 | सुरेंद्र बघेल | काँग्रेस | वीरेंद्र बघेल | भाजपा | 62930 |
| मनावर | 199 | हीरालाल अलावा | काँग्रेस | रंजना बघेल | भाजपा | 39501 |
| धरमपुरी | 200 | पंचीलाल मेढ़ा | काँग्रेस | गोपाल कन्नौज | भाजपा | 13972 |
| धार | 201 | नीना वर्मा | भाजपा | प्रभा गौतम | काँग्रेस | 5718 |
| बदनावर | 202 | रावर्धन सिंह | काँग्रेस | भंवरसिंह शेखावत | भाजपा | 41506 |
| देपालपुर | 203 | विशाल पटेल | काँग्रेस | मनोज पटेल | भाजपा | 9044 |
| इंदौर 1 | 204 | संजय शुक्ला | काँग्रेस | सुदर्शन गुप्ता | भाजपा | 8163 |
| इंदौर 2 | 205 | रमेश मेंदोला | भाजपा | मोहन सिंह सेंगर | काँग्रेस | 71011 |

| | | | | | | |
|---|---|---|---|---|---|---|
| इंदौर 3 | 206 | आकाश विजयवर्गीय | भाजपा | अश्विन जोशी | कॉंग्रेस | 5751 |
| इंदौर 4 | 207 | मालिनी गौड़ | भाजपा | सुरजीत सिंह चढ्डा | कॉंग्रेस | 43090 |
| इंदौर 5 | 208 | महेंद्र हार्डिया | भाजपा | सत्यनारायण पटेल | कॉंग्रेस | 1133 |
| महू | 209 | उषा ठाकुर | भाजपा | अंतर सिंह | कॉंग्रेस | 7157 |
| राऊ | 210 | जीतू पटवारी | कॉंग्रेस | मधु वर्मा | भाजपा | 5703 |
| सांवेर | 211 | तुलसीराम सिलावट | कॉंग्रेस | राजेश सोनकर | भाजपा | 2945 |
| नागदा | 212 | दिलीप गुर्जर | कॉंग्रेस | दिलीप सिंह शेखावत | भाजपा | 5117 |
| महिदपुर | 213 | बहादुर सिंह चौहान | भाजपा | दिनेश जैन | निर्दलीय | 15220 |
| तराना | 214 | महेश परमार | कॉंग्रेस | अनिल फिरोजिया | भाजपा | 2209 |
| घटिया | 215 | रामलाल मालवीय | कॉंग्रेस | अजीत प्रेमचंद गुड्डू | भाजपा | 4628 |
| उज्जैन नार्थ | 216 | पारस जैन | भाजपा | महंत राजेंद्र भारती | कॉंग्रेस | 25724 |
| उज्जैन साउथ | 217 | मोहन यादव | भाजपा | राजेंद्र वशिष्ट | कॉंग्रेस | 18960 |
| बड़नगर | 218 | मुरली मोरवाल | कॉंग्रेस | संजय शर्मा | भाजपा | 5381 |
| रतलाम ग्रामीण | 219 | दिलीप कुमार मकवाना | भाजपा | थावरलाल भूरिया | कॉंग्रेस | 5605 |
| रतलाम सिटी | 220 | चेतन कश्यप | भाजपा | प्रेमलता दवे | कॉंग्रेस | 43435 |
| सैलाना | 221 | हर्ष गहलोत | कॉंग्रेस | नारायण मैदा | भाजपा | 28498 |

| जौरा | 222 | राजेंद्र पांडे | भाजपा | केके सिंह | कॉंग्रेस | 511 |
| आलोट | 223 | मनोज चावला | कॉंग्रेस | जितेंद्र गहलोत | भाजपा | 5448 |
| मंदसौर | 224 | यशपाल सिसौदिया | भाजपा | नरेंद्र नहाटा | कॉंग्रेस | 18370 |
| मल्हारगढ़ | 225 | जगदीश देवड़ा | भाजपा | परशुराम सिसौदिया | कॉंग्रेस | 11872 |
| सुवासरा | 226 | हरदीप सिंह | कॉंग्रेस | राधेश्याम पाटीदार | भाजपा | 350 |
| गरोठ | 227 | देवीलाल धाकड़ | भाजपा | सुभाष कुमार | कॉंग्रेस | 2108 |
| मनासा | 228 | अनिरुद्ध मारो | भाजपा | उमराव सिंह शिवलाल | कॉंग्रेस | 25954 |
| नीमच | 229 | दिलीप सिंह परिहार | भाजपा | सत्य नारायण | कॉंग्रेस | 14857 |
| जावद | 230 | ओमप्रकाश सकलेचा | भाजपा | राजकुमार अहीर | कॉंग्रेस | 4271 |

## विजयी विधायकों की शिक्षा और संपत्ति

| क्र. | विधायक | चुनाव क्षेत्र | पार्टी | शिक्षा | कुल संपत्ति | |
|---|---|---|---|---|---|---|
| 1. | एदल सिंह कंसाना | सुमावली | काँग्रेस | 8वीं पास | 83,31,941 रु | (83 लाख+) |
| 2. | अजय विश्नोई | पाटन | बीजेपी | स्नातक | 10,03,56,114 रु | (10 करोड़+) |
| 3. | आकाश कैलाश विजयवर्गीय | इंदौर –3 | बीजेपी | पोस्ट ग्रेजुएट | 3,60,10,101 रु | (3 करोड़+) |
| 4. | आलोक चतुर्वेदी | छतरपुर | काँग्रेस | स्नातक | 30,81,13,000 रु | (30 करोड़+) |
| 5. | अमर सिंह | चितरंगी | बीजेपी | 12वीं पास | 2,24,85,072 रु | (2 करोड़+) |
| 6. | अनिल जैन | निवारी | बीजेपी | साक्षर | 2,72,19,863 रु | (2 करोड़+) |
| 7. | अनिरुद्ध (माधव) मारो | मनासा | बीजेपी | ग्रेजुएट प्रोफेशनल | 11,87,10,679 रु | (11 करोड़+) |
| 8. | आरिफ अकील | भोपाल उत्तर | काँग्रेस | पोस्ट ग्रेजुएट | 2,08,25,172 रु | (2 करोड़+) |
| 9. | आरिफ मसूद | भोपाल मध्य | काँग्रेस | पोस्ट ग्रेजुएट | 3,81,66,679 रु | (3 करोड़+) |
| 10. | अर्जुन सिंह काकोडिया | बरघाट | काँग्रेस | स्नातक | 1,24,63,000 रु | (1 करोड़+) |
| 11. | अरविंद सिंह भदौरिया | अटेर | बीजेपी | डॉक्टरेट | 76,47,078 रु | (76 लाख+) |
| 12. | आशीष गोविंद शर्मा | खातेगांव | बीजेपी | पोस्ट ग्रेजुएट | 52,86,381 रु | (52 लाख+) |
| 13. | अशोक ईश्वरदास रोहाणी | जबलपुर कैंट | बीजेपी | 12वीं पास | 2,12,03,654 रु | (2 करोड़+) |

| | | | | | | |
|---|---|---|---|---|---|---|
| 14. | बाबूलाल | श्योपुर | काँग्रेस | 5वीं पास | 1,68,18,090 रु | (1 करोड़+) |
| 15. | बहादुर सिंह चौहान | महिदपुर | बीजेपी | स्नातक | 7,62,47,617 रु | (7 करोड़+) |
| 16. | बैजनाथ कुशवाह | सलबगढ़ | काँग्रेस | ग्रेजुएट प्रोफेशनल | 1,14,22,186 रु | (1 करोड़+) |
| 17. | बाला बच्चन | राजपुर (एसटी) | काँग्रेस | ग्रेजुएट प्रोफेशनल | 12,66,81,169 रु | (12 करोड़+) |
| 18. | बनवारीलाल शर्मा | जौरा | काँग्रेस | 5वीं पास | 1,18,63,324 रु | (1 करोड़+) |
| 19. | बापूसिंह तंवर | राजगढ़ | काँग्रेस | स्नातक | 1,74,11,401 रु | (1 करोड़+) |
| 20. | भरत सिंह कुशवाह | ग्वालियर ग्रामीण | बीजेपी | 12वीं पास | 1,19,12,806 रु | (1 करोड़+) |
| 21. | भूपेंद्र मरावी (बबलू) | शाहपुरा (एसटी) | काँग्रेस | स्नातक | 47,02,429 रु | (47 लाख+) |
| 22. | भूपेन्द्र सिंह | खुरई | बीजेपी | ग्रेजुएट प्रोफेशनल | 46,00,27,069 रु | (46 करोड़+) |
| 23. | बीरेंद्र रघुवंशी | कोलारस | बीजेपी | 12वीं पास | 26,93,24,000 रु | (26 करोड़+) |
| 24. | बिसाहूलाल सिंह | अनूपपुर (एसटी) | काँग्रेस | स्नातक | 5,73,44,877 रु | (5 करोड़+) |
| 25. | ब्रजेंद्र सिंह राठौर | पृथ्वीपुर | काँग्रेस | स्नातक | 7,82,86,296 रु | (7 करोड़+) |
| 26. | ब्रजेंद्र सिंह यादव | मुंगावली | काँग्रेस | 5वीं पास | 2,08,90,000 रु | (2 करोड़+) |
| 27. | ब्रह्मा भालवी | घोड़ाडोंगरी (एसटी) | काँग्रेस | 10वीं पास | रु 50,63,337 | (50 लाख+) |
| 28. | बृजेन्द्र प्रताप सिंह | पन्ना | बीजेपी | ग्रेजुएट प्रोफेशनल | 2,69,23,318 रु | (2 करोड़+) |

| | | | | | | |
|---|---|---|---|---|---|---|
| 29. | चंद्रभागा गंगादास | पानसेमल | काँग्रेस | ग्रेजुएट प्रोफेशनल | 2,64,53,328 रु | (2 करोड़+) |
| 30. | चेतन्य कश्यप | रतलाम शहर | बीजेपी | 12वीं पास | 2,04,63,00,000 रु | (204 करोड़+) |
| 31. | डब्बू सिद्धार्थ सुखलाल कुशवाहा | सतना | काँग्रेस | स्नातक | 1,07,46,387 रु | (1 करोड़+) |
| 32. | दीपक सक्सेना | छिंदवाड़ा | काँग्रेस | 12वीं पास | 14,17,01,866 रु | (14 करोड़+) |
| 33. | देव सिंह सैयम | मंडला | बीजेपी | 5वीं पास | 1,18,65,329 रु | (1 करोड़+) |
| 34. | देवेंद्र सिंह | उदयपुरा | काँग्रेस | स्नातक | 7,00,47,534 रु | (7 करोड़+) |
| 35. | देवेंद्र वर्मा | खंडवा | बीजेपी | पोस्ट ग्रेजुएट | 2,08,44,035 रु | (2 करोड़+) |
| 36. | देवीलाल धाकड़ (एडवोकेट) | गरोठ | बीजेपी | ग्रेजुएट प्रोफेशनल | 2,55,35,008 रु | (2 करोड़+) |
| 37. | धर्मेंद्र भाव सिंह लोधी | जबेरा | बीजेपी | पोस्ट ग्रेजुएट | 26,57,993 रु | (26 लाख+) |
| 38. | धर्म सिंह सिरसाम | भैंसदेही (एसटी) | काँग्रेस | 10वीं पास | 52,90,000 रु | (52 लाख+) |
| 39. | दिलीप गुर्जर | नागदा-खाचरोद | काँग्रेस | 12वीं पास | 3,37,50,727 रु | (3 करोड़+) |
| 40. | दिलीप कुमार मकवाना | रतलाम ग्रामीण | बीजेपी | पोस्ट ग्रेजुएट | 60,38,870 रु | (60 लाख+) |
| 41. | दिलीप सिंह परिहार | नीमच | बीजेपी | पोस्ट ग्रेजुएट | 3,01,19,708 रु | (3 करोड़+) |
| 42. | दिनेश राय मुनमुन | सिवनी | बीजेपी | पोस्ट ग्रेजुएट | 13,89,95,855 रु | (13 करोड़+) |
| 43. | दिव्यराज सिंह | सिरमौर | बीजेपी | पोस्ट ग्रेजुएट | 62,28,37,571 रु | (62 करोड़+) |

| 44. | अशोक मस्कोले | निवास | काँग्रेस | पोस्ट ग्रेजुएट | 25,20,426 रु | (25 लाख+) |
| 45. | डॉ. गोविंद सिंह | लहार | काँग्रेस | ग्रेजुएट प्रोफेशनल | 10,42,61,796 रु | (10 करोड़+) |
| 46. | डॉ. हीरालाल अलावा | मानवर (एसटी) | काँग्रेस | पोस्ट ग्रेजुएट | 10,99,286 रु | (10 लाख+) |
| 47. | डॉ. मोहन यादव | उज्जैन दक्षिण | बीजेपी | डॉक्टरेट | 31,97,18,126 रु | (31 करोड़+) |
| 48. | डॉ. प्रभुराम चौधरी | सांची | काँग्रेस | ग्रेजुएट प्रोफेशनल | 8,79,81,386 रु | (8 करोड़+) |
| 49. | डॉ. विजयलक्ष्मी साधौ | महेश्वर (एससी) | काँग्रेस | ग्रेजुएट प्रोफेशनल | 7,49,29,875 रु | (7 करोड़+) |
| 50. | डॉ. योगेश पंडाग्रे | आमला | बीजेपी | पोस्ट ग्रेजुएट | 3,21,65,439 रु | (3 करोड़+) |
| 51. | डॉ. नरोत्तम मिश्रा | दतिया | बीजेपी | डॉक्टरेट | 6,88,40,658 रु | (6 करोड़+) |
| 52. | डॉ. सीताशरण शर्मा | होशंगाबाद | बीजेपी | ग्रेजुएट प्रोफेशनल | 13,40,46,382 रु | (13 करोड़+) |
| 53. | प्रदीप लारिया | नरयावली | बीजेपी | अन्य लोग | 94,29,904 रु | (94 लाख+) |
| 54. | गौरीशंकर चतुर्भुज बिसेन | बालाघाट | बीजेपी | पोस्ट ग्रेजुएट | 9,26,85,479 रु | (9 करोड़+) |
| 55. | गायत्री पवार | देवास | बीजेपी | स्नातक | 27,29,74,061 रु | (27 करोड़+) |
| 56. | घनश्याम सिंह | सेवड़ा | काँग्रेस | पोस्ट ग्रेजुएट | 13,95,98,136 रु | (13 करोड़+) |
| 57 | गिरीश गौतम | देवतालाब | बीजेपी | ग्रेजुएट प्रोफेशनल | 2,90,54,745 रु | (2 करोड़+) |
| 58 | गिरराज दंडोतिया | दिमनी | काँग्रेस | ग्रेजुएट प्रोफेशनल | 1,03,57,089 रु | (1 करोड़+) |

| | | | | | |
|---|---|---|---|---|---|
| 59 | गोपाल भार्गव | रेहली | बीजेपी | पोस्ट ग्रेजुएट | 3,66,21,644 रु (3 करोड़+) |
| 60. | गोपाल सिंह चौहान | चंदेरी | कॉंग्रेस | 8 वीं पास | 7,16,88,493 रु (7 करोड़+) |
| 61. | गोपीलाल जाटव | गुना | बीजेपी | साक्षर | 3,60,27,750 रु (3 करोड़+) |
| 62. | गोवर्धन डांगी | ब्यावरा | कॉंग्रेस | स्नातक | 1,35,25,345 रु (1 करोड़+) |
| 63. | गोविंद सिंह राजपूत | सुरखी | कॉंग्रेस | पोस्ट ग्रेजुएट | 3,87,15,987 रु (3 करोड़+) |
| 64. | गुमानसिंह डामोर | झाबुआ (एसटी) | बीजेपी | ग्रेजुएट प्रोफेशनल | 4,40,28,446 रु (4 करोड़+) |
| 65. | ग्यारसीलाल रावत | सेंधवा | कॉंग्रेस | 10वीं पास | 1,66,50,542 रु (1 करोड़+) |
| 66. | हरदीप सिंह | सुवासरा | कॉंग्रेस | पोस्ट ग्रेजुएट | 68,10,302 रुपये (68 लाख+) |
| 67. | हरि सिंह सप्रे | कुर्वई | बीजेपी | स्नातक | 1,88,44,852 रु (1 करोड़+) |
| 68. | हर्ष विजय गहलोत | सैलाना | कॉंग्रेस | 12 वीं पास | 2,04,81,260 रु (2 करोड़+) |
| 69. | हर्ष यादव | देवरी | कॉंग्रेस | पोस्ट ग्रेजुएट | 8,33,49,628 रु (8 करोड़+) |
| 70. | हिना लखीराम कावरे | लांजी | कॉंग्रेस | पोस्ट ग्रेजुएट | 1,01,18,834 रु (1 करोड़+) |
| 71. | इमरती देवी | डबरा | कॉंग्रेस | 12 वीं पास | 2,27,15,000 रु (2 करोड़+) |
| 72. | इंदर सिंह परमार | शुजालपुर | बीजेपी | ग्रेजुएट प्रोफेशनल | 4,24,07,883 रु (4 करोड़+) |
| 73. | जगदीश दवेदा | मल्हारगढ़ | बीजेपी | पोस्ट ग्रेजुएट | 2,23,59,536 रु (2 करोड़+) |

| 74. | जयसिंह मरावी | जयसिंहनगर (एसटी) | बीजेपी | 10 वीं पास | 88,67,593 रु | (88 लाख+) |
| 75 | जयवर्धन सिंह | राघौगढ़ | काँग्रेस | पोस्ट ग्रेजुएट | 26,27,67,948 रु | (26 करोड़+) |
| 76. | जजपाल सिंह | अशोक नागर (एससी) | काँग्रेस | ग्रेजुएट प्रोफेशनल | 84,31,459 रु | (84 लाख+) |
| 77. | जालम सिंह पटेल (मुन्ना भैया) | नरसिंहपुर | बीजेपी | स्नातक | 5,98,41,112 रु | (5 करोड़+) |
| 78. | जसवंत जाटव | करेरा | काँग्रेस | 12 वीं पास | 48,21,682 रु | (48 लाख+) |
| 79. | जीतू पटवारी | राऊ | काँग्रेस | ग्रेजुएट प्रोफेशनल | 16,57,41,255 रु | (16 करोड़+) |
| 80. | झुमाबाई सोलंकी | भीकनगांव | काँग्रेस | पोस्ट ग्रेजुएट | 3,89,74,790 रु | (3 करोड़+) |
| 81. | जुगल किशोर बागड़ी | रेगांव | बीजेपी | 10 वीं पास | 4,79,89,650 रु | (4 करोड़+) |
| 82. | केपी सिंह | पिछोरा | काँग्रेस | पोस्ट ग्रेजुएट | 73,76,66,873 रु | (73 करोड़+) |
| 83. | केपी त्रिपाठी | सैमरिया | बीजेपी | ग्रेजुएट प्रोफेशनल | 9,53,77,234 रु | (9 करोड़+) |
| 84. | कलावती भूरिया | जोबट | काँग्रेस | 10 वीं पास | 1,50,29,727 रु | (1 करोड़+) |
| 85. | कमल पटेल | हरदा | बीजेपी | ग्रेजुएट प्रोफेशनल | 6,43,99,187 रु | (6 करोड़+) |
| 86. | कमलेश जाटव | अंबा | काँग्रेस | स्नातक | 1,14,10,079 रु | (1 करोड़+) |
| 87. | कमलेश प्रताप शाह | अमरवारा (एसटी) | काँग्रेस | 10 वीं पास | 9,09,40,000 रु | (9 करोड़+) |
| 88. | कमलेश्वर इंद्रजीत कुमार | सिहावल | काँग्रेस | ग्रेजुएट प्रोफेशनल | 15,13,35,731 रु | (15 करोड़+) |

| | | | | | |
|---|---|---|---|---|---|
| 89. | कन्नौजे पहाड़सिंह | बगली | बीजेपी | 12 वीं पास | 1,08,81,257 रु (1 करोड़+) |
| 90. | कराड़ा हुकमसिंह | शाजापुर | काँग्रेस | स्नातक | 3,16,51,550 रु (3 करोड़+) |
| 91. | करण सिंह वर्मा | इच्छावर | बीजेपी | 12 वीं पास | 3,81,09,861 रु (3 करोड़+) |
| 92. | केदार चिदाभाई डावर | भगवानपुरा | आईएनडी | ग्रेजुएट प्रोफेशनल | 2,36,36,986 रु (2 करोड़+) |
| 93. | केदार नाथ शुक्ल | सीधी | बीजेपी | ग्रेजुएट प्रोफेशनल | 7,93,53,067 रु (7 करोड़+) |
| 94. | खटीक हरिशंकर | जतारा | बीजेपी | अन्य | 1,60,22,852 रु (1 करोड़+) |
| 95 | कृष्णा गौर | गोविंदपुरा | बीजेपी | पोस्ट ग्रेजुएट | 6,50,87,089 रु (6 करोड़+) |
| 96. | कुणाल चौधरी | कालापीपल | काँग्रेस | पोस्ट ग्रेजुएट | 1,03,48,339 रु (1 करोड़+) |
| 97. | कुंवर प्रद्युम्न सिंह | मलहारा | काँग्रेस | 12 वीं पास | 1,04,80,301 रु (1 करोड़+) |
| 98. | कुंवर सिंह टेकाम | धौहनी | बीजेपी | पोस्ट ग्रेजुएट | 1,00,07,664 रु (1 करोड़+) |
| 99. | कुँवर विजय शाह | हरसूद (एसटी) | बीजेपी | पोस्ट ग्रेजुएट | 15,64,20,350 रु (15 करोड़+) |
| 100. | कुंवरजी कोठार | सारंगपुर | बीजेपी | ग्रेजुएट प्रोफेशनल | 4,88,42,713 रु (4 करोड़+) |
| 101. | लखन घनघोरिया | जबलपुर पूर्व | काँग्रेस | ग्रेजुएट प्रोफेशनल | 8,40,86,683 रु (8 करोड़+) |
| 102. | लखन सिंह यादव | भीतरवार | काँग्रेस | स्नातक | 2,37,64,686 रु (2 करोड़+) |
| 103. | लक्ष्मण सिंह | चाचौड़ा | काँग्रेस | स्नातक | 12,38,63,213 रु (12 करोड़+) |

| | नाम | क्षेत्र | पार्टी | शिक्षा | संपत्ति | |
| --- | --- | --- | --- | --- | --- | --- |
| 104. | लीना जैन | बासौदा | बीजेपी | 10 वीं पास | 2,17,95,714 रु | (2 करोड़+) |
| 105. | महेंद्र हार्डिया | इंदौर–5 | बीजेपी | स्नातक | 5,53,76,091 रु | (5 करोड़+) |
| 106. | महेंद्र सिंह सिसोदिया | बमौरी | काँग्रेस | 12 वीं पास | 5,00,95,610 रु | (5 करोड़+) |
| 107. | महेश परमार | तराना | काँग्रेस | पोस्ट ग्रेजुएट | 85,36,797 रु | (85 लाख+) |
| 108. | महेश राय | बीना (एससी) | बीजेपी | 12 वीं पास | 2,45,67,150 रु | (2 करोड़+) |
| 109. | मालिनी लक्ष्मण सिंह गौड़ | इंदौर–4 | बीजेपी | स्नातक | 4,34,77,369 रु | (4 करोड़+) |
| 110. | मनीषा सिंह | जैतपुर | बीजेपी | पोस्ट ग्रेजुएट | 24,56,652 रु | (24 लाख+) |
| 111. | मनोहर उंटवाल | आगर | बीजेपी | 12 वीं पास | 1,41,64,805 रु | (1 करोड़+) |
| 112. | मनोज चावला | आलोट | काँग्रेस | ग्रेजुएट प्रोफेशनल | 10,78,252 रु | (10 लाख+) |
| 113. | मनोज चौधरी | हाटपिपलिया | काँग्रेस | पोस्ट ग्रेजुएट | 1,69,19,846 रु | (1 करोड़+) |
| 114. | मीना सिंह | मानपुर | बीजेपी | पोस्ट ग्रेजुएट | 1,66,96,104 रु | (1 करोड़+) |
| 115. | मुकेश रावत | अलीराजपुर | काँग्रेस | 12 वीं पास | 3,35,52,054 रु | (3 करोड़+) |
| 116. | मुन्नालाल गोयल (मुन्ना भैया) | ग्वालियर पूर्व | काँग्रेस | स्नातक | 1,11,49,000 रु | (1 करोड़+) |
| 117. | मुरली मोरवाल | बड़नगर | काँग्रेस | 12 वीं पास | 12,21,82,330 रु | (12 करोड़+) |
| 118. | नागेंद्र सिंह | गूढ़ | बीजेपी | ग्रेजुएट प्रोफेशनल | 2,73,55,789 रु | (2 करोड़+) |

| | | | | | |
|---|---|---|---|---|---|
| 119. | नागेंद्र सिंह | नागोद | बीजेपी | स्नातक | 6,08,05,439 रु (6 करोड़+) |
| 120. | नारायण पटेल | मान्धाता | काँग्रेस | 10 वीं पास | 2,21,64,907 रु (2 करोड़+) |
| 121. | नारायण सिंह | बिछिया | काँग्रेस | स्नातक | 76,72,185 रु (76 लाख+) |
| 122. | नारायण त्रिपाठी | मैहर | बीजेपी | स्नातक | 89,12,181 रु (89 लाख+) |
| 123. | नर्मदा प्रसाद प्रजापति | गोटेगांव | काँग्रेस | ग्रेजुएट प्रोफेशनल | 18,55,02,910 रु (18 करोड़+) |
| 124. | नीलांशु चतुर्वेदी | चित्रकूट | काँग्रेस | स्नातक | 2,78,33,438 रु (2 करोड़+) |
| 125. | नीना विक्रम वर्मा | धार | बीजेपी | 12 वीं पास | 8,98,45,029 रु (8 करोड़+) |
| 126. | नीरज विनोद दीक्षित | महाराजपुर | काँग्रेस | 12 वीं पास | 90,33,006 रु (90 लाख+) |
| 127. | निलय विनोद डागा | बैतूल | काँग्रेस | पोस्ट ग्रेजुएट | 1,27,62,89,318 रु (127 करोड़+) |
| 128. | निलेश पुसाराम उइके | पांढुरना | काँग्रेस | स्नातक | 58,25,700 रु (58 लाख+) |
| 129. | ओपीएस भदौरिया | मेहगांव | काँग्रेस | पोस्ट ग्रेजुएट | 1,27,82,063 रु (1 करोड़+) |
| 130. | ओम प्रकाश सखलेचा | जवाद | बीजेपी | स्नातक | 6,88,91,876 रु (6 करोड़+) |
| 131. | ओंकार सिंह मरकाम | डिंडौरी | काँग्रेस | पोस्ट ग्रेजुएट | 1,24,00,833 रु (1 करोड़+) |
| 132. | पंचीलाल मेधा | धरमपुरी | काँग्रेस | 12 वीं पास | 82,27,208 रु (82 लाख+) |
| 133. | पांचू लाल प्रजापति | मनगवां | बीजेपी | 12 वीं पास | 1,97,75,216 रु (1 करोड़+) |

| | | | | | | |
|---|---|---|---|---|---|---|
| 134. | पारस जैन | उज्जैन उत्तर | बीजेपी | स्नातक | 9,72,61,237 रु | (9 करोड़+) |
| 135. | फुंदेलाल सिंह मार्को | पुष्पराजगढ़ | काँग्रेस | पोस्ट ग्रेजुएट | 1,51,51,737 रु | (1 करोड़+) |
| 136. | प्रदीप जायसवाल | वारा सियोनी | आईएनडी | अन्य लोग | 29,39,29,980 रु | (29 करोड़+) |
| 137. | प्रदीप कुमार पटेल | मऊगंज | बीजेपी | ग्रेजुएट प्रोफेशनल | 1,49,59,271 रु | (1 करोड़+) |
| 138. | प्रद्युम्न सिंह तोमर | ग्वालियर | काँग्रेस | 12 वीं पास | 2,27,92,983 रु | (2 करोड़+) |
| 139. | प्रहलाद लोधी | पवई | बीजेपी | 8 वीं पास | 21,15,000 रु | (21 लाख+) |
| 140. | प्रकाश मांगीलाल शर्मा | भोपाल दक्षिण-पश्चिम | काँग्रेस | ग्रेजुएट प्रोफेशनल | 4,44,76,998 रु | (4 करोड़+) |
| 141. | प्रणय प्रभात पांडे (गुड्डू भैया) | बहोरीबंद | बीजेपी | पोस्ट ग्रेजुएट | 2,37,86,168 रु | (2 करोड़+) |
| 142. | प्रताप ग्रेवाल | सरदारपुर (एसटी) | काँग्रेस | ग्रेजुएट प्रोफेशनल | 62,88,402 रु | (62 लाख+) |
| 143. | प्रवीण पाठक | ग्वालियर दक्षिण | काँग्रेस | स्नातक | 2,33,13,568 रु | (2 करोड़+) |
| 144. | प्रेम सिंह | बड़वानी | बीजेपी | साक्षर | 5,16,13,378 रु | (5 करोड़+) |
| 145. | प्रेमशंकर कुंजीलाल वर्मा (बागवाड़ा) | सिवनी-मालवा | बीजेपी | स्नातक | 4,88,29,409 रु | (4 करोड़+) |
| 146. | प्रियव्रत सिंह | खिलचीपुर | काँग्रेस | 12 वीं पास | 7,62,29,666 रु | (7 करोड़+) |
| 147. | पुरुषोत्तम लाल | हटा | बीजेपी | स्नातक | 1,97,30,955 रु | (1 करोड़+) |
| 148. | रघुनाथ सिंह | आष्टा | बीजेपी | 10 वीं पास | 1,61,42,749 रु | (1 करोड़+) |

| | | | | | |
|---|---|---|---|---|---|
| 149. | रघुराज सिंह कंसाना | मुरैना | काँग्रेस | पोस्ट ग्रेजुएट | 1,06,83,772 रु (1 करोड़+) |
| 150. | राहुल सिंह | दमोह | काँग्रेस | स्नातक | 1,10,66,672 रु (1 करोड़+) |
| 151. | राहुल सिंह लोधी | खड़गपुर | बीजेपी | स्नातक | 5,67,87,829 रु (5 करोड़+) |
| 152. | राजेंद्र पांडे | जावरा | बीजेपी | पोस्ट ग्रेजुएट | 1,78,93,936 रु (1 करोड़+) |
| 153. | राजेन्द्र शुक्ल | रीवा | बीजेपी | ग्रेजुएट प्रोफेशनल | 32,98,70,618 रु (32 करोड़+) |
| 154. | राजेश कुमार (बबलू भैया) | बिजावर | सपा | 12 वीं पास | 4,80,95,834 रु (4 करोड़+) |
| 155. | राजेश कुमार प्रजापति | चंदला | बीजेपी | ग्रेजुएट प्रोफेशनल | 1,12,29,720 रु (1 करोड़+) |
| 156. | राजश्री सिंह | शमशाबाद | बीजेपी | 12 वीं पास | 1,64,83,000 रु (1 करोड़+) |
| 157. | राजवर्धन सिंह | बदनावर | काँग्रेस | पोस्ट ग्रेजुएट | 9,56,45,664 रु (9 करोड़+) |
| 158. | राज्यवर्धन सिंह | नरसिंहगढ़ | बीजेपी | स्नातक | 21,85,00,000 रु (21 करोड़+) |
| 159. | राकेश गिरि | टीकमगढ़ | बीजेपी | स्नातक | 14,85,18,095 रु (14 करोड़+) |
| 160. | राकेश पाल सिंह | केओलारी | बीजेपी | स्नातक | 14,36,08,760 रु (14 करोड़+) |
| 161. | रक्षा देवी | भांडेर | काँग्रेस | 8 वीं पास | 37,34,752 रु (37 लाख+) |
| 162. | राम डंगोर | पंधाना (एसटी) | बीजेपी | ग्रेजुएट प्रोफेशनल | 50,749 रु (50 हजार+) |
| 163. | राम किशोर (नैनो) कावरे | परसवाड़ा | बीजेपी | पोस्ट ग्रेजुएट | 2,27,92,478 रु (2 करोड़+) |

| 164. | रामबाई गोविंद सिंह | पथरिया | बसपा | साक्षर | 96,95,200 रु | (96 लाख+) |
| 165. | रमेश मेंदोला | इंदौर-2 | बीजेपी | पोस्ट ग्रेजुएट | 1,58,54,616 रु | (1 करोड़+) |
| 166. | रामेश्वर शर्मा | हुजूर | बीजेपी | स्नातक | 3,71,59,618 रु | (3 करोड़+) |
| 167. | रामखेलावन पटेल | अमरपाटन | बीजेपी | पोस्ट ग्रेजुएट | 3,73,33,381 रु | (3 करोड़+) |
| 168. | रामलाल मालवीय | घटिया | कॉंग्रेस | स्नातक | 1,44,06,417 रु | (1 करोड़+) |
| 169. | रामलल्लू वैश्य | सिंगरौली | बीजेपी | 8 वीं पास | 8,35,91,429 रु | (8 करोड़+) |
| 170. | रामपाल सिंह | सिलवानी | बीजेपी | ग्रेजुएट प्रोफेशनल | 6,75,83,354 रु | (6 करोड़+) |
| 171. | राणा विक्रम सिंह | सुसनेर | आईएनडी | स्नातक | 1,01,50,313 रु | (1 करोड़+) |
| 172. | रणवीर जाटव | गोहद (एससी) | कॉंग्रेस | 12 वीं पास | 62,42,394 रु | (62 लाख+) |
| 173. | रवि रमेशचंद्र जोशी | खरगोन | कॉंग्रेस | 12 वीं पास | 15,14,59,417 रु | (15 करोड़+) |
| 174. | सचिन बिड़ला | बड़वाह | कॉंग्रेस | 12 वीं पास | 4,14,23,165 रु | (4 करोड़+) |
| 175. | सचिन सुभाषचंद्र यादव | कसरावद | कॉंग्रेस | स्नातक | 22,99,22,990 रु | (22 करोड़+) |
| 176. | सज्जन सिंह वर्मा | सोनकच्छ | कॉंग्रेस | पोस्ट ग्रेजुएट | 6,11,35,592 रु | (6 करोड़+) |
| 177. | संदीप श्रीप्रसाद जायसवाल | मुड़वारा | बीजेपी | पोस्ट ग्रेजुएट | 10,84,55,296 रु | (10 करोड़+) |
| 178. | संजय सत्येंद्र पाठक | विजयराघवगढ़ | बीजेपी | पोस्ट ग्रेजुएट | 2,26,17,06,691 रु | (226 करोड़+) |

| | | | | | |
|---|---|---|---|---|---|
| 179. | संजय शाह | टिमरनी | बीजेपी | 12 वीं पास | 4,71,82,465 रु (4 करोड़+) |
| 180. | संजय शर्मा (संजू भैया) | तेंदुखेड़ा | काँग्रेस | 12 वीं पास | 1,30,97,13,260 रु (130 करोड़+) |
| 181. | संजय शुक्ला | इंदौर-1 | काँग्रेस | 12 वीं पास | 1,39,93,61,070 रु (139 करोड़+) |
| 182. | संजय उइके | बैहर | काँग्रेस | पोस्ट ग्रेजुएट | 94,84,000 रु (94 लाख+) |
| 183. | संजय यादव | बरगी | काँग्रेस | स्नातक | 33,78,64,715 रु (33 करोड़+) |
| 184. | संजीव सिंह (संजू) | भिंड | बसपा | ग्रेजुएट प्रोफेशनल | 7,68,47,459 रु (7 करोड़+) |
| 185. | सीताराम | विजयपुर | बीजेपी | नहीं दिया | 11,75,362 रु (11 लाख+) |
| 186. | शैलेंद्र जैन | सागर | बीजेपी | स्नातक | 12,77,98,899 रु (12 करोड़+) |
| 187. | शरद | ब्योहारी | बीजेपी | पोस्ट ग्रेजुएट | 8,40,000 रु (8 लाख+) |
| 188. | शरदेंदु तिवारी | चुरहट | बीजेपी | ग्रेजुएट प्रोफेशनल | 2,84,75,875 रु (2 करोड़+) |
| 189. | शशांक श्रीकृष्ण भार्गव | विदिशा | काँग्रेस | स्नातक | 12,38,65,205 रु (12 करोड़+) |
| 190. | शिवदयाल बागड़ी | गुन्नौर (एससी) | काँग्रेस | 5 वीं पास | 1,63,03,000 रु (1 करोड़+) |
| 191. | शिवनारायण सिंह (लल्लू भैया) | बाँधवगढ़ (एसटी) | बीजेपी | स्नातक | 30,96,878 रु (30 लाख+) |
| 192. | शिवराज सिंह चौहान | बुधनी | बीजेपी | स्नातक | 7,66,82,140 रु (7 करोड़+) |
| 193. | श्याम लाल द्विवेदी | त्योंथर | बीजेपी | स्नातक | 46,59,885 रु (46 लाख+) |

| 194. | नंदनी मरावी | सिहोरा | बीजेपी | स्नातक | 1,34,18,552 रु | (1 करोड़+) |
| 195. | सोहनलाल बाल्मीक | परासिया | काँग्रेस | 12 वीं पास | 82,96,162 रु | (82 लाख+) |
| 196. | सुभाष चंद्रा | देवसर | बीजेपी | 10 वीं पास | 64,18,617 रु | (64 लाख+) |
| 197. | सुदेश राय | सीहोर | बीजेपी | ग्रेजुएट प्रोफेशनल | 67,51,29,525 रु | (67 करोड़+) |
| 198. | सुजीत सिंह चौधरी | चौरई | काँग्रेस | पोस्ट ग्रेजुएट | 1,66,62,884 रु | (1 करोड़+) |
| 199. | सुखदेव पांसे | मुल्ताई | काँग्रेस | पोस्ट ग्रेजुएट | 2,04,59,993 रु | (2 करोड़+) |
| 200. | सुमित्रा देवी कासडेकर | नेपानगर (एसटी) | काँग्रेस | 8 वीं पास | 43,98,117 रु | (43 लाख+) |
| 201. | सुनील कुमार | कोतमा | काँग्रेस | अन्य लोग | 2,27,16,723 रु | (2 करोड़+) |
| 202. | सुनीता पटेल | गाडरवारा | काँग्रेस | 5 वीं पास | 6,13,69,047 रु | (6 करोड़+) |
| 203. | सुनील उइके | जुन्नारदेव (एसटी) | काँग्रेस | स्नातक | 3,99,26,128 रु | (3 करोड़+) |
| 204. | सुरेंद्र पटवा | भोजपुर | बीजेपी | पोस्ट ग्रेजुएट | 42,86,52,306 रु | (42 करोड़+) |
| 205. | सुरेंद्र सिंह बघेल | कुक्षी (एसटी) | काँग्रेस | स्नातक | 2,61,68,348 रु | (2 करोड़+) |
| 206. | सुरेश धाकड़ | पोहरी | काँग्रेस | साक्षर | 1,23,55,016 रु | (1 करोड़+) |
| 207. | सुशील कुमार तिवारी (इंदु भैया) | पनागर | बीजेपी | स्नातक | 15,70,19,530 रु | (15 करोड़+) |
| 208. | टामलाल रघुजी सहारे | कटंगी | काँग्रेस | 5 वीं पास | 13,51,90,247 रु | (13 करोड़+) |

| | नाम | क्षेत्र | दल | शिक्षा | संपत्ति | |
|---|---|---|---|---|---|---|
| 209. | तारार सिंह (बंटू भैया) | बांदा | काँग्रेस | स्नातक | 1,51,40,285 रु | (1 करोड़+) |
| 210. | तरुण भनोट | जाबालपुर पश्चिम | काँग्रेस | 12 वीं पास | 9,84,22,087 रु | (9 करोड़+) |
| 211. | ठाकुर सुरेंद्र सिंह नवल सिंह | बुरहानपुर | आईएनडी | स्नातक | 4,18,96,401 रु | (4 करोड़+) |
| 212. | ठाकुरदास नागवंशी | पिपरिया | बीजेपी | 10 वीं पास | 83,39,740 रु | (83 लाख+) |
| 213. | तुलसीराम सिलावट | सांवेर | काँग्रेस | पोस्ट ग्रेजुएट | 8,26,36,571 रु | (8 करोड़+) |
| 214. | उमाकांत शर्मा | सिरोंज | बीजेपी | स्नातक | 16,44,000 रु | (16 लाख+) |
| 215. | उमंग सिंघार | गंधवानी | काँग्रेस | स्नातक | 2,71,80,216 रु | (2 करोड़+) |
| 216. | उषा ठाकुर | डॉ अम्बेडकर नगर | बीजेपी | पोस्ट ग्रेजुएट | 7,35,198 रु | (7 लाख+) |
| 217. | वीर सिंह | थांदला | काँग्रेस | 12 वीं पास | 33,49,758 रु | (33 लाख+) |
| 218. | विजय चौरे | सौसर | काँग्रेस | 12 वीं पास | 1,19,56,500 रु | (1 करोड़+) |
| 219. | विजयपाल सिंह | सोहागपुर | बीजेपी | पोस्ट ग्रेजुएट | 1,95,20,765 रु | (1 करोड़+) |
| 220. | विजयराघवेंद्र सिंह (बसंत सिंह) | बाडवारा (एसटी) | काँग्रेस | 12 वीं पास | 29,35,925 रु | (29 लाख+) |
| 221. | विक्रम सिंह (नाती राजा) | राजनगर | काँग्रेस | 10 वीं पास | 4,82,46,414 रु | (4 करोड़+) |
| 222. | विक्रम सिंह (विकास) | रामपुर-बघेलन | बीजेपी | स्नातक | 4,31,34,646 रु | (4 करोड़+) |
| 223. | विनय सक्सेना | जबलपुर उत्तर | काँग्रेस | ग्रेजुएट प्रोफेशनल | 5,80,17,178 रु | (5 करोड़+) |

| | | | | | |
|---|---|---|---|---|---|
| 224. | विशाल जगदीश पटेल | देपालपुर | कॉंग्रेस | स्नातक | 69,16,36,824 रु (69 करोड़+) |
| 225. | विष्णु खत्री | बैरसिया | बीजेपी | ग्रेजुएट प्रोफेशनल | 3,91,21,387 रु (3 करोड़+) |
| 226. | विश्वास सारंग | नरेला | बीजेपी | ग्रेजुएट प्रोफेशनल | 9,06,47,766 रु (9 करोड़+) |
| 227. | वाल सिंह | पेटलावद (एसटी) | कॉंग्रेस | 8 वीं पास | 46,72,000 रु (46 लाख+) |
| 228. | यशोधरा राजे सिंधिया | शिवपुरी | बीजेपी | अन्य | 9,25,80,097 रु (9 करोड़+) |
| 229. | यशपाल सिंह | मंदसौर | बीजेपी | पोस्ट ग्रेजुएट | 4,58,16,006 रु (4 करोड़+) |
| 230. | योगेन्द्र सिंह | लखनादौन (एसटी) | कॉंग्रेस | पोस्ट ग्रेजुएट | 1,36,70,264 रु (1 करोड़+) |

## महिला विधायक : शिक्षा, संपत्ति, दर्ज आपराधिक मामले

| क्र. | विधायक | चुनाव क्षेत्र | पार्टी | आपराधिक मामले | शिक्षा | कुल संपत्ति |
|---|---|---|---|---|---|---|
| 1. | चंद्रभागा गंगादास | पानसेमल | काँग्रेस | 1 | ग्रेजुएट प्रोफेशनल | 2,64,53,328 रु (2 करोड़+) |
| 2. | डॉ. विजयलक्ष्मी साधौ | महेश्वर (एससी) | काँग्रेस | 0 | ग्रेजुएट प्रोफेशनल | 7,49,29,875 रु (7 करोड़+) |
| 3. | गायत्री राजे पवार | देवास | बीजेपी | 0 | स्नातक | 27,29,74,061 रु (27 करोड़+) |
| 4. | हिना लखीराम कावरे | लांजी | काँग्रेस | 0 | पोस्ट ग्रेजुएट | 1,01,18,834 रु (1 करोड़+) |
| 5. | इमरती देवी | डबरा | काँग्रेस | 1 | 12 वीं पास | 2,27,15,000 रु (2 करोड़+) |
| 6. | झुमाबाई सोलंकी | भीकनगांव | काँग्रेस | 0 | पोस्ट ग्रेजुएट | 3,89,74,790 रु (3 करोड़+) |
| 7. | कलावती भूरिया | जोबट | काँग्रेस | 0 | 10 वीं पास | 1,50,29,727 रु (1 करोड़+) |
| 8. | कृष्णा गौर | गोविंदपुरा | बीजेपी | 0 | पोस्ट ग्रेजुएट | 6,50,87,089 रु (6 करोड़+) |
| 9. | लीना जैन | बासौदा | बीजेपी | 0 | 10 वीं पास | 2,17,95,714 रु (2 करोड़+) |
| 10. | मालिनी लक्ष्मण सिंह गौड़ | इंदौर–4 | बीजेपी | 0 | स्नातक | 4,34,77,369 रु (4 करोड़+) |
| 11. | मनीषा सिंह | जैतपुर | बीजेपी | 0 | पोस्ट ग्रेजुएट | 24,56,652 रु (24 लाख+) |
| 12. | मीना सिंह | मानपुर | बीजेपी | 0 | पोस्ट ग्रेजुएट | 1,66,96,104 रु (1 करोड़+) |

| 13. | नीना विक्रम वर्मा | धार | बीजेपी | 0 | 12वीं पास | 8,98,45,029 रु | (8 करोड़+) |
| 14. | राजश्री सिंह | शमशाबाद | बीजेपी | 0 | 12वीं पास | 1,64,83,000 रु | (1 करोड़+) |
| 15. | रक्षा देवी | भांडेर | काँग्रेस | 0 | 8वीं पास | 37,34,752 रु | (37 लाख+) |
| 16. | रामबाई गोविंद सिंह | पथरिया | बसपा | 5 | साक्षर | 96,95,200 रु | (96 लाख+) |
| 17. | नंदनी मरावी | सिहोरा | बीजेपी | 0 | स्नातक | 1,34,18,552 रु | (1 करोड़+) |
| 18. | सुमित्रा देवी कासडेकर | नेपानगर (एसटी) | काँग्रेस | 0 | 8वीं पास | 43,98,117 रु | (43 लाख+) |
| 19. | सुनीता पटेल | गाडरवारा | काँग्रेस | 2 | 5वीं पास | 6,13,69,047 रु | (6 करोड़+) |
| 20. | उषा ठाकुर | अम्बेडकर नगर | बीजेपी | 1 | पोस्ट ग्रेजुएट | 7,35,198 रु | (7 लाख+) |
| 21. | यशोधरा राजे सिंधिया | शिवपुरी | बीजेपी | 0 | – | 9,25,80,097 रु | (9 करोड़+) |

## दो हज़ार से कम मतों से जीते-हारे प्रत्याशी

| चुनाव क्षेत्र | विजयी प्रत्याशी | पार्टी | पराजित प्रत्याशी | पार्टी | मत अंतर |
|---|---|---|---|---|---|
| ग्वालियर साउथ | प्रवीण पाठक | कॉंग्रेस | नारायण सिंह | भाजपा | 121 |
| सुवासरा | हरदीप सिंह | कॉंग्रेस | राधेश्याम पाटीदार | भाजपा | 350 |
| जौरा | राजेन्द्र पांडे | भाजपा | केके सिंह | कॉंग्रेस | 511 |
| जबलपुर नार्थ | विनय सक्सेना | कॉंग्रेस | शरद जैन | भाजपा | 578 |
| बीना | महेश राज | भाजपा | शशि कठोरिया | कॉंग्रेस | 632 |
| कोलारस | बृजेन्द्र रघुवंशी | भाजपा | महेंद्र यादव | कॉंग्रेस | 720 |
| राजनगर | विक्रम सिंह | कॉंग्रेस | अरविंद पटैरिया | भाजपा | 732 |
| दमोह | राहुल सिंह | कॉंग्रेस | जयंत मलैया | भाजपा | 798 |
| ब्यावरा | गोवर्धन सिंह | कॉंग्रेस | नारायण सिंह | भाजपा | 826 |
| देवतालाब | गिरीश गौतम | भाजपा | सीमा सेंगर | बसपा | 1080 |
| इंदौर 5 | महेंद्र हार्डिया | भाजपा | सत्यनारायण पटेल | कॉंग्रेस | 1133 |
| चंदला | राजेश प्रजापति | भाजपा | अनुरागी हरिप्रसाद | कॉंग्रेस | 1177 |
| नागोद | नागेंद्र सिंह | भाजपा | यादवेंद्र सिंह | कॉंग्रेस | 1234 |

| मान्धाता | नारायण पटेल | काँग्रेस | नरेंद्र तोमर | भाजपा | 1236 |
| नेपानगर | सुमित्रा देवी | काँग्रेस | मंजू दादू | भाजपा | 1264 |
| ग्वालियर ग्रामीण | भरत सिंह कुशवाह | भाजपा | साहब सिंह गुर्जर | बसपा | 1517 |

# पार्टियों के कुल वोट एवं वोट प्रतिशत

| पार्टी | कुल प्राप्त मत | मत प्रतिशत |
| --- | --- | --- |
| काँग्रेस | 15595153 | 40.90% |
| भाजपा | 15642980 | 41.00% |
| बीएसपी | 1911642 | 5.00% |
| सपा | 496025 | 1.30% |
| आप | 253101 | 0.70% |
| गोंगपा | 675648 | 1.80% |
| निर्दलीय | 2218230 | 5.80% |
| सपाक्स | 156486 | 0.40% |
| बहुजन संघर्ष दल | 78692 | 0.20% |
| भारतीय शक्ति चेतना पार्टी | 71278 | 0.20% |
| शिवसेना | 63700 | 0.20% |
| नोटा | 542295 | 1.40% |

## विधान सभा परिणाम, क्षेत्रवार नतीजे

| क्षेत्र | काँग्रेस | भाजपा | अन्य | कुल सीट |
|---|---|---|---|---|
| मध्य भारत | 13 | 23 | 0 | 36 |
| मालवा-निमाड़ | 35 | 28 | 3 | 66 |
| ग्वालियर-चम्बल | 27 | 5 | 2 | 34 |
| महाकौशल | 24 | 13 | 1 | 38 |
| विंध्य | 6 | 24 | 0 | 30 |
| बुंदेलखंड | 10 | 14 | 2 | 26 |

# राजनीतिक दल मध्यप्रदेश चुनाव 2018

| क्र. राजनीतिक दल | |
|---|---|
| 1. भारतीय जनता पार्टी | 24. अम्बेडकराइट पार्टी ऑफ़ इंडिया |
| 2. भारतीय राष्ट्रीय काँग्रेस | 25. आरक्षण विरोधी पार्टी |
| 3. बहुजन समाजवादी पार्टी | 26. अधिकार विकास पार्टी |
| 4. कम्युनिस्ट पार्टी ऑफ़ इंडिया | 27. बहुजन संघर्ष दल |
| 5. कम्युनिस्ट पार्टी ऑफ़ इंडिया (मार्क्सवादी) | 28. बृहत्तर भारत प्रजातंत्र सेवा पार्टी |
| 6. आम आदमी पार्टी | 29. भारतीय ग्रामीण समाज पार्टी |
| 7. आल इंडिया फॉरवर्ड ब्लॉक | 30. भारतीय प्रजाशक्ति पार्टी |
| 8. राष्ट्रीय लोक समता पार्टी | 31. भारतीय बहुजन पार्टी |
| 9. इंडियन यूनियन मुस्लिम लीग | 32. भारतीय जन जागरूक पार्टी |
| 10. जनता दल (सेक्यूलर) | 33. भारतीय जन मोर्चा पार्टी |
| 11. शिव सेना | 34. भारतीय सर्व समाज पार्टी |
| 12. समाजवादी पार्टी | 35. भारतीय जनसम्पर्क पार्टी |
| 13. आज़ाद भारत पार्टी | 36. भारतीय जन युग पार्टी |
| 14. आदिम समाज पार्टी | 37. बुंदेलखंड मुक्ति मोर्चा |
| 15. अखिल भारतीय आरक्षित समाज पार्टी | 38. बहुजन मुक्ति पार्टी |
| 16. अखिल भारतीय गोंडवाना पार्टी | 39. भारतीय अपना अधिकार पार्टी |
| 17. अखिल भारतीय हिंदी क्रांति पार्टी | 40. भारतीय राष्ट्रीय मज़दूर दल |
| 18. अखिल भारत हिन्दू महासभा | 41. भारतीय रिपब्लिकन पक्ष |
| 19. अपना दल | 42. भारतीय राष्ट्रवादी समानता दल |
| 20. आल इंडिया डेमोक्रेटिक पार्टी | 43. भारतीय शक्ति चेतना पार्टी |
| 21. आल इंडिया हिंदुस्तान काँग्रेस पार्टी | 44. भारतीय सम्पूर्ण क्रांतिकारी पार्टी |
| 22. अखिल भारतीय अपना दल | 45. भारतीय ट्राइबल पार्टी |
| 23. अहिंसा समाज पार्टी | 46. बुंदेलखंड क्रांति दल |
| | 47. भारतीय वीर दल |
| | 48. भारतीय पंचायत पार्टी |

49. दलित विकास पार्टी
50. गोंडवाना गणतंत्र पार्टी
51. हिन्द काँग्रेस पार्टी
52. द इम्पीरियल पार्टी ऑफ़ इंडिया
53. इंडिया न्यू काँग्रेस पार्टी
54. इंडिया प्रजा बंधु पार्टी
55. इंक़लाब विकास दल
56. जनता काँग्रेस
57. जन अधिकार पार्टी
58. जन कल्याण पार्टी
59. जय लोक पार्टी
60. जन सम्मान पार्टी
61. जय प्रकाश जनता दल
62. जन संघर्ष विराट पार्टी
63. क्रांति जनशक्ति पार्टी
64. लोकतांत्रिक जनता दल
65. लोकप्रिय समाज पार्टी
66. लोकतांत्रिक समाजवादी पार्टी
67. महानवादी पार्टी
68. महान दल
69. माइनॉरिटीज डेमोक्रेटिक पार्टी
70. मध्यप्रदेश जन विकास पार्टी
71. नया भारत पार्टी
72. निर्बल इंडियन शोषित हमारा आम दल
73. प्रोटिस्ट ब्लॉक इंडिया
74. पिछड़ा समाज पार्टी
75. प्रगतिशील मानव समाज पार्टी
76. पीपुल्स पार्टी ऑफ़ इंडिया
77. पीपुल्स रिपब्लिकन पार्टी
78. प्रजातांत्रिक समाधान पार्टी
79. पिछड़ा समाज पार्टी यूनाइटेड
80. प्रोटिस्ट सर्व समाज
81. पब्लिक पॉलिटिकल पार्टी
82. राष्ट्रीय जनक्रांति पार्टी
83. राष्ट्रीय आमजन पार्टी
84. राष्ट्रीय वंचित पार्टी
85. राष्ट्रीय गोंडवाना पार्टी
86. राष्ट्रीय जनसम्भावना पार्टी
87. राष्ट्रीय किसान विकास पार्टी
88. राष्ट्रीय क्रान्तिकारी समाजवादी पार्टी
89. राष्ट्रीय महान गणतंत्र पार्टी
90. राष्ट्रवादी पार्टी
91. रिपब्लिकन पार्टी ऑफ़ इंडिया
92. रिपब्लिकन पार्टी ऑफ़ इंडिया (ऐ)
93. राष्ट्रीय रक्षक मोर्चा
94. राष्ट्रीय अपना दल
95. राष्ट्रीय गरिमा पार्टी
96. राष्ट्रव्यापी जनता पार्टी
97. राष्ट्रीय समानता दल
98. राष्ट्रीय शोषित समाज पार्टी
99. राष्ट्रीय समाज पक्ष
100. राष्ट्रीय संयुक्त समाज पार्टी
101. राष्ट्रीय जन आवाज़ पार्टी

102. राष्ट्रीय क्रांति पार्टी
103. समान आदमी समान पार्टी
104. समाजवादी जनता पार्टी
105. सम्पूर्ण समाज पार्टी
106. समता समाधान पार्टी
107. स्वर्णिम भारत इंक़लाब पार्टी
108. सर्वधर्म पार्टी
109. सांझी विरासत पार्टी
110. सोशलिस्ट पार्टी
111. सपाक्स पार्टी
112. शोषित समाज दल
113. सर्व समाज कल्याण पार्टी
114. सोशलिस्ट यूनिटी सेंटर ऑफ़ इंडिया
115. सवर्ण समाज पार्टी
116. स्वर्णिम भारत इंक़लाब
117. समाजवादी जन परिषद
118. विश्व शक्ति पार्टी

## म.प्र. में लोकसभा चुनाव (2019) के नतीजे

| लोकसभा क्षेत्र | भाजपा | काँग्रेस | विजयी | अंतर |
| --- | --- | --- | --- | --- |
| मुरैना | नरेंद्र सिंह तोमर | राम निवास रावत | भाजपा | 109966 |
| भिंड | संध्या राय | देवाशीष जारड़िया | भाजपा | 195717 |
| ग्वालियर | विवेक शेजवलकर | अशोक सिंह | भाजपा | 146842 |
| गुना | केपी यादव | ज्योतिरादित्य सिंधिया | भाजपा | 125549 |
| सागर | राज बहादुर सिंह | प्रभांशु सिंह ठाकुर | भाजपा | 305542 |
| टीकमगढ़ | वीरेंद्र कुमार खटीक | किरण अहिरवार | भाजपा | 348059 |
| दमोह | प्रहलाद पटेल | प्रताप सिंह लोधी | भाजपा | 353411 |
| खजुराहो | बीडी शर्मा | कविता सिंह | भाजपा | 492382 |
| सतना | गणेश सिंह | राजा राम त्रिपाठी | भाजपा | 231473 |
| रीवा | जनार्दन मिश्रा | सिद्धार्थ तिवारी | भाजपा | 310250 |
| सीधी | रीति पाठक | अजय सिंह राहुल | भाजपा | 286524 |
| शहडोल | हिमाद्री सिंह | प्रमिला सिंह | भाजपा | 4033333 |
| जबलपुर | राकेश सिंह | विवेक तन्खा | भाजपा | 454744 |

| मंडला | फग्गन सिंह कुलस्ते | कमल मारावी | भाजपा | 97674 |
|---|---|---|---|---|
| बालाघाट | ढाल सिंह बिसेन | मधु भगत | भाजपा | 242066 |
| छिंदवाड़ा | नकुल नाथ | नत्थन शाह | काँग्रेस | 37563 |
| होशंगाबाद | उदय प्रताप सिंह | शैलेंद्र दीवान | भाजपा | 553682 |
| विदिशा | रमाकांत भार्गव | शैलेंद्र पटेल | भाजपा | 503084 |
| भोपाल | प्रज्ञा ठाकुर | दिग्विजय सिंह | भाजपा | 364882 |
| राजगढ़ | रोडमल नागर | मोना सुस्तानी | भाजपा | 431019 |
| देवास | महेंद्र सोलंकी | प्रह्लाद टिपानिया | भाजपा | 372249 |
| उज्जैन | अनिल फिरोजिया | बाबूलाल मालवीय | भाजपा | 365637 |
| मंदसौर | सुधीर गुप्ता | मीनाक्षी नटराजन | भाजपा | 376764 |
| रतलाम | जीएस डामोर | कांति लाल भूरिया | भाजपा | 90636 |
| धार | छतर सिंह दरबार | दिनेश गिरवाल | भाजपा | 156029 |
| खरगोन | गजेंद्र पटेल | डॉ. गोविंद मुजालदा | भाजपा | 202510 |
| इंदौर | शंकर ललवानी | पंकज संघवी | भाजपा | 547754 |
| खंडवा | नंदकुमार सिंह चौहान | अरुण यादव | भाजपा | 273743 |
| बैतूल | दुर्गादास उईके | रामू टेकाम | भाजपा | 360240 |

# लेखक की अन्य कृति

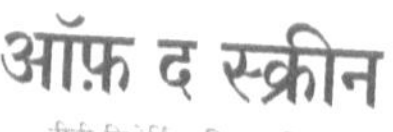

सूचना देने का काम मीडिया करती है, पर पत्रकार सूचना देने के पहले और बाद के हालात पर पैनी नज़र रखता है। ब्रजेश राजपूत जब अपनी ही रिपोर्टिंग पर अपनी रिपोर्ताज फ़ाइल करें और उसे किताब की शक्ल देकर आपके सामने रखें, तो मान लीजिए कि प्रयास उम्दा है। जो पत्रकार बनना चाहते हैं उन्हें यह पुस्तक ज़रूर पढ़नी चाहिए।

—पुण्य प्रसून वाजपेयी, एबीपी न्यूज़

ब्रजेश ने हर रिपोर्ट के बाद अनुभवों की कहानी लिखी है, और इस तरह एक दस्तावेज़ तैयार हो गया। हर कहानी में किरदार आज के हैं, लेकिन अंदाज वही है तो सदियों से समृद्ध हिंदी साहित्य का रहा है।

—श्वेता सिंह, आज तक

पत्रकारिता का दायरा राजनीति से आगे जाकर कहीं ज़्यादा बड़े माननीय सरोकारों से जुड़ा है। ब्रजेश राजपूत की यह किताब पत्रकारिता के छात्रों या युवा पत्रकारों के लिए ही नहीं, मीडिया के जानकारों के लिए भी उपयोगी और महत्त्वपूर्ण है।

—दिबांग, एबीपी न्युज़

# ऑफ़ द स्क्रीन की प्रशंसा में

टीवी के प्राइम टाइम पर होने वाली आसान बहसों से अलग होती है टीवी पत्रकारिता, जिसे *ऑफ़ द स्क्रीन* पढकर समझा जा सकता है। इस पुस्तक में टीवी पत्रकारिता के संघर्ष और टीवी पत्रकार की मुश्किलों की कहानियां हैं।

—इंडिया टुडे

इस पुस्तक में टेलीविजन की खबरों के पीछे के किस्से हैं जहां लेखक ने रिपोर्टर होने की दुश्वारियों को बिना शिकायत के सहज तरीके से लिखा है, बेहद रोचक किताब।

—आउटलुक

बहुत रोचक और दिलचस्प पुस्तक जिसमें टीवी की कहानियों को लेखक ने पलटकर देखने की कोशिश की है।

—दैनिक जागरण

टीवी रिपोर्टर के अनुभवों की ये किताब पेशे की सच्चाई बयान करने के साथ ही आज के हालात बताती है, वो भी बडे रोचक तरीके से। दिलचस्प किताब।

—अहा ज़िंदगी

लंबे समय से टीवी पत्रकारिता कर रहे ब्रजेश राजपूत ने अपने अनुभवों को किस्सागोई के अंदाज में इस किताब में पेश किया है, पठनीय पुस्तक।

—जयप्रकाश चौकसे

बेहद ईमानदारी से लिखी गयी किताब जिसमें आप टीवी रिपोर्टर को भागते, दौड़ते, जान बचाते, रोते और हंसते हुए देख सकते हैं।

—रवीश कुमार, एनडीटीवी